DE SEM-TETO A
BILIONÁRIO

ANDRES PIRA
com o dr. Joe Vitale

DE SEM-TETO A
BILIONÁRIO

18 PRINCÍPIOS PARA ATRAIR RIQUEZA E
CRIAR OPORTUNIDADES ILIMITADAS

Prefácio de
Jack Canfield

Tradução
Felipe de Gusmão Riedel

Editora
Cultrix
SÃO PAULO

Título do original: *Homeless to Billionaire*.

Copyright © 2019 Andres Pira.

Publicado originalmente em inglês por Forbes Books, 65 Gadsden Street, Charleston, SC, 29401 USA.

Copyright da edição brasileira © 2021 Editora Pensamento-Cultrix Ltda.

1ª edição 2021.

Todos os direitos reservados. Nenhuma parte desta obra pode ser reproduzida ou usada de qualquer forma ou por qualquer meio, eletrônico ou mecânico, inclusive fotocópias, gravações ou sistema de armazenamento em banco de dados, sem permissão por escrito, exceto nos casos de trechos curtos citados em resenhas críticas ou artigos de revistas.

A Editora Cultrix não se responsabiliza por eventuais mudanças ocorridas nos endereços convencionais ou eletrônicos citados neste livro.

Arte da capa de George Stevens

Editor: Adilson Silva Ramachandra
Editora de texto: Denise de Carvalho Rocha
Gerente editorial: Roseli de S. Ferraz
Preparação de originais: Alessandra Miranda de Sá
Gerente de produção editorial: Indiara Faria Kayo
Editoração eletrônica: S2 Books
Revisão: Erika Alonso

Dados Internacionais de Catalogação na Publicação (CIP)
(Câmara Brasileira do Livro, SP, Brasil)

Pira, Andres
 De sem-teto a bilionário : 28 princípios para atrair riqueza e criar oportunidades ilimitadas / Andres Pira com o dr. Joe Vitale ; tradução Felipe de Gusmão Riedel. -- 1. ed. -- São Paulo : Editora Cultrix, 2021.

 Título original: Homeless to Billionaire
 ISBN 978-65-5736-101-6

 1. Administração de empresa 2. Biografia 3. Empreendedorismo 4. Gestão de negócios 5. Riqueza - Aspectos sociais 6. Superação - Histórias de vida I. Vitale, JOe. II. Título.

21-62884   CDD-650.12

Índices para catálogo sistemático:
1. Riqueza : Sucesso financeiro : Administração 650.12
Aline Graziele Benitez - Bibliotecária - CRB-1/3129

Direitos de tradução para o Brasil adquiridos com exclusividade pela EDITORA PENSAMENTO-CULTRIX LTDA., que se reserva a propriedade literária desta tradução.
Rua Dr. Mário Vicente, 368 — 04270-000 — São Paulo, SP
Fone: (11) 2066-9000
http://www.editoracultrix.com.br
E-mail: atendimento@editoracultrix.com.br
Foi feito o depósito legal.

À minha amada mãe, que faleceu quando terminei este livro.
— Andres

Sumário

Agradecimentos 13

Prefácio de Jack Canfield 15

Introdução A História de Um Milagre 19

Prove Que Estou Errado! 23

Princípio 1 Tenha Foco na Vida – Como um *Laser* 27
    Todos viemos de algum lugar 28
    Vivendo sem foco 29
    Escolhas definem resultados 30
    A voz que você ouve no fundo do poço 31
    O dia em que achei que estava morto 31
    Saiba quando recomeçar 33
    Comece com um objetivo 35
    A diferença do sucesso 36
    Ajustando os objetivos ao negócio 36
    O funcionário que estabelece objetivos é mais eficaz 38
    Anatomia de atração da riqueza 38
    Um estudo: Tocando piano em sua mente 39
    Riqueza de detalhes nos objetivos 40

Princípio 2 Arrisque, Responsabilize-se e Tome as Devidas Atitudes 41
    Riscos mais ação igual a crescimento 43
    Coloque ação em sua vida 46
    Risco e fracasso 47
    Tome as devidas ações 48
    A ciência do risco 48
    A arte de se arriscar 50
    Criar felicidade e confiança 51
    Ter controle mental leva à confiança 52
    Agir "como se" 53

Princípio 3 Foco no "Eu Sou" 55
    Visualizar com emoção 59
    O poder do "eu sou" 61
    Os cinco principais pontos do foco "eu sou" 62
    Meditação e visualização 64

Princípio 4 Tempo para Refletir: Faça Dele Prioridade 67
    Minha pior "falha" nos negócios 68
    Aprendendo com os erros 69
    Tempo para pensar 71
    Tempo de reação 72
    Estar sozinho é uma maneira de autocuidado 73

Princípio 5 Comemorar Vitórias é Viciante 75
    Comemore seu sucesso com os outros 78
    Comemore as coisas do dia a dia 79
    Faça do progresso um vício 80

Princípio 6 A Lei da Doação Vibracional 81
    Doar sem expectativas 83
    Dê emoção, receba emoção 84
    Dê primeiro o que quer receber de volta 86
    Doar com a intenção certa e o budismo 87
    Doar é saudável 87

Doar é viciante 88
A doação começa em nós mesmos 90
Doar faz as empresas crescerem 92

Princípio 7 Gratidão 93
A facilidade em demonstrar gratidão 97
O efeito da gratidão 97
Gratidão nos negócios.. 98
Ative sua mentalidade de gratidão 100
Exercício: "Prática da gratidão" 100

Princípio 8 Tenha Ideias Tão Grandes a Ponto de Deixar os Outros Desconfortáveis 103
Estudo de caso: Pensando grande 104
O café Famous 109
Estudo de caso: Agir com rapidez diante de grandes ideias 110
Há sempre uma maneira mais fácil 111
Grandes ideias: Um jogo de números 113
Para pensar grande, comece pequeno 115

Princípio 9 Seja Apaixonado 117
Encontrando sua paixão 120
Exercício: "Descubra sua paixão"... 120
Combine habilidades para descobrir sua paixão 121

Princípio 10 Domine suas Emoções... 123
Encontrando uma fonte de positividade 124
Emoções são positivas ou negativas 126
Aceite e supere a negatividade 127
Seja destemido para eliminar a negatividade............................... 128
Escale uma montanha. Literalmente. 128
Salte do avião sem hesitar 129
Pare de se preocupar... 130
Cerque seus objetivos de positividade 132

Princípio 11 Acorde Esperando por Problemas 135
    Transformando problemas em oportunidades 138
    Repensar a questão 139
    Debater ideias ruins 139
    Desafiar regras 140
    Utilize sua equipe para solucionar problemas 141
    Decisões precipitadas 144

Princípio 12 Peça Desculpas 147
    Coloque boas energias no pedido de desculpas 150
    Benefícios de se pedir desculpas 152
    Desculpar-se é uma habilidade 153

Princípio 13 Corpo Saudável, Mente Forte 157
    Pessoas bem-sucedidas priorizam o exercício 160
    Faça exercícios que tenham a ver com você 164

Princípio 14 Pague Mais, Dê Mais, Fique com Mais 167
    Pague mais 169
    O resultado de pagar mais 169
    A lição aprendida por pagar menos 170
    Você pode pagar mais? 171
    Dê mais 171
    Acredite, confie e dê espaço 173
    Crie propósito para motivar os funcionários 175
    Fique com mais 176
    O microgerenciamento rouba seu tempo 177

Princípio 15 Imitação Perfeita e Mentoria 179
    Imitar: O caminho mais rápido para o sucesso 181
    O sucesso da Blue Horizon 182
    A busca por um mentor 183

Princípio 16 Invista nos Funcionários 187
    Descubra o que é importante 190
    Os benefícios de investir nos funcionários 191

Princípio 17 Valorize mais a Positividade do que os Resultados 195
    Identificando o câncer 196
    Quando o câncer no local de trabalho é incurável 198
    A negatividade oculta na complacência 199
    Não tolere fofocas 201
    A fofoca destrói a confiança e baixa o moral 202
    Fofoca atrapalha o trabalho em equipe 202
    Política antifofoca 204
    Transformar negatividade em positividade 206

Princípio 18 Fazer. Ser. Ir. Ter. 209
    Traga o futuro para o presente 211
    Não é pelo dinheiro 211
    Crie a cultura do "Fazer. Ser. Ir. Ter." 212
    No final "eles vão dizer..." 213
    Comece agora, independentemente de seu tamanho 214
    Faça parte de um grupo de voluntários 215
    Reconheça abertamente, em alto e bom som 216
    Seja espontâneo 217
    Incentive a folga remunerada 218
    Ofereça treinamento contínuo 219
    Cuide do âmbito pessoal e profissional 220

Conclusão 223

Agradecimentos

Obrigado, dr. Joe Vitale, por fazer este livro se tornar realidade! Você é meu mentor, um modelo a ser seguido, e um amigo para a vida toda. Eu lhe serei eternamente grato.

Agradeço a Jack Canfield, Brian Tracy, Napoleon Hill, Bob Proctor e Charles Haanel. Vocês foram meus primeiros professores de verdade na vida. Por meio dos livros que escreveram, tornei-me um aprendiz incansável.

Agradeço a minhas irmãs e meu irmão: Anette, Linda, Alejandra e Kristian.

Agradeço a meu pai, por me ensinar desde pequeno a capacidade da disciplina. Isso me ajudou muito.

À minha querida filha, Valentina, por me fazer querer ser um bom pai e uma versão melhor de mim mesmo. Você me inspirou a guiar muitas pessoas neste planeta rumo a um novo despertar e a fazê-la se orgulhar de mim como pai. É por sua causa que eu desejo ser uma força para o bem.

Prefácio de Jack Canfield

Tive o prazer de ser o mentor de Andres por mais de dezesseis anos. O mais interessante desse processo foi que nem percebi isso. Andres estudou meu trabalho durante anos e colocou minhas lições em prática bem antes de eu o conhecer. Quando, enfim, nos conhecemos, ele já era um sucesso. Ao conversar com ele, descobri que havia lido meu trabalho e o de outros professores, e que fizera o possível para contestar o que eu havia escrito (é isso mesmo: contestar). Já trabalhei com milhões de pessoas em todo o mundo que, de modo geral, querem aprender os princípios que ensino. Andres é diferente. Ele queria provas.

Um grande amigo meu, W. Clement Stone, disse uma vez: "Definir o propósito é o ponto de partida de qualquer conquista". Ele não poderia ter dito melhor. Um homem fica perdido sem um propósito. Perdido... sem senso de direção. Fiquei surpreso que alguém tão jovem quanto Andres tenha entendido essa citação de forma tão completa.

O famoso autor e apresentador de rádio, Earl Nightingale, disse que, se um navio deixasse o porto com alguém no comando que tivesse um destino definido e bom senso de propósito, chegaria ao seu destino em 99% das vezes. Sem orientação ou alguém no comando, contudo, ele nem sairia do porto. Instintivamente, Andres sabia disso mesmo nas horas mais sombrias. Leva-se uma vida toda para se aprender esse tipo de sabedoria. Como professor ao longo de toda minha vida, fiquei muito intrigado com a história de Andres.

Anos atrás, fundei o Conselho de Liderança Transformacional (TLC – Transformational Leadership Council), reunindo alguns dos líderes, *coaches*, autores e cineastas transformacionais mais poderosos que, assim como eu, queriam abrir a mente e o coração das pessoas pelo mundo afora. Na minha sala, comecei com um grupo de professores, que procuravam por alunos para poder transformá-los. No mundo todo deparamo-nos com muitos alunos e, por isso, serei eternamente grato. Então, imagine minha surpresa quando conheci um aluno que passou a contestar meus ensinamentos para agora, em público, me dar os créditos por ter feito parte de sua transformação.

Durante anos, Andres passou seus dias como um navio sem comandante. Mas, quando, finalmente, encontrou seu objetivo e motivação, aplicou tudo o que havia aprendido com a leitura de alguns livros – por exemplo, *O Segredo*, de Rhonda Byrne –, e continuou a desenvolver suas habilidades, passando por bons e maus momentos, sucessos e fracassos. Como eu, ou ele, poderíamos ter previsto que ele passaria de ex-membro de gangue a um dos incorporadores imobiliários mais famosos do sul da Tailândia, um bilionário numa idade em que a maioria das pessoas ainda estão decidindo qual será sua carreira?

Quando li *De Sem-teto a Bilionário* pela primeira vez, percebi que uma nova geração de líderes transformacionais surgia. Líderes que exigiam provas antes de legitimarem o conhecimento. Provas de que o conhecimento que haviam aprendido nos livros podia fazer diferença quando aplicado fora do livro. Ao ler a história de Andres, você vai se pegar dizendo: "Eu já sabia disso, mas nunca pensei em aplicar dessa maneira". *De Sem-teto a Bilionário* é uma compilação dos princípios de sucesso mais poderosos, mesclados a cenários da vida real, a fim de fornecer a prova que a nova geração procura ao tomar a decisão de qual líder seguir.

Nos negócios, Andres desafia a lógica. Enquanto a maioria das empresas se concentra em resultados, em geral reduzindo os salários dos funcionários para economizar, ele acredita em pagar mais a eles. Enquanto muitas empresas tratam os funcionários como trabalhadores, Andres os trata como família, e de fato deseja que tenham sucesso, ajudando-os, para tanto, a compreender como o poder do universo os levará a melhorar todas as áreas da vida. Além disso, em uma época em que uma geração de *millennials* exige provas antes de tomar uma decisão, Andres dominou a fórmula para fazer seus funcionários acreditarem no impossível. Ele sabe como ganhar dinheiro, inspirar e impulsionar o sucesso como nenhum outro que já conheci. Quando nos conhecemos pela primeira vez, ele atribuiu a mim – ao lado de outros, como o dr. Joe Vitale e Bob Proctor – sua educação e avidez por mais.

O livro que você tem em mãos apresenta a história cativante de Andres e seus princípios de sucesso adaptados, em um momento em que é mais fácil ser cético do que alguém inspirado. *De Sem-teto a Bilionário* fala sobre doação vibracional, o poder de se estabelecer metas, como pensar grande, como aumentar seu lucro motivando os funcionários e como controlar suas emoções e eliminar quaisquer pontos negativos de sua vida. A história crua e honesta de Andres nos emociona, estando associada às práticas e aos desafios comerciais específicos que vão ajudá-lo a enfrentar seus medos. O livro aborda tudo o que Andres aprendeu com os gurus de desenvolvimento pessoal, e tudo o que foi comprovado no mundo corporativo. O resultado é um livro de negócios como nenhum outro, além de memórias pessoais que vão fazê-lo parar para refletir.

Quando escrevi *Histórias para Aquecer o Coração*, nunca imaginei que mais de 1 milhão de pessoas fossem ler meu livro. Mas acredito que Andres não ficará surpreso quando mais de 1 milhão de pessoas tiverem o livro dele em mãos, pois ele aprendeu a esperar pelo sucesso. Ele pede o sucesso, acredita nele e o visualiza. Foi assim que começou sua jornada. Um sem-teto na praia, almejando o sucesso.

O que Andres me ensinou – a mim, um escritor de sucesso – é que, se o professor fizer seu trabalho da maneira correta, será inevitável que um dia ele se torne aluno.

— Jack Canfield
Jack Canfield é o coautor da série *Histórias para Aquecer o Coração* e de *Os Princípios do Sucesso: Como Ir de Onde Está para Onde Quer Estar*.

Introdução
A História de Um Milagre

―⁂―

Tudo o que a mente humana pode conceber, ela pode conquistar.
– Napoleon Hill, *Quem Pensa Enriquece*

Isso se aplica ao segredo para se alcançar a riqueza?

Você *de fato* pode mudar sua vida? Sair de uma condição de sobrevivência para uma situação de sucesso apenas transformando suas ideias?

É possível criar oportunidades?

As pessoas vivem me perguntando se os livros: *A Lei da Atração*, *O Segredo*, *Quem Pensa Enriquece*, entre outros que falam sobre os princípios do sucesso, funcionam da maneira como são descritos.

A resposta breve para essa pergunta é um ressoante sim. *De Sem-teto a Bilionário* é a prova disso. Este livro é sobre um homem que transformou sua vida de miséria, morando em um país desconhecido, para se tornar um bilionário por conta própria. Não um milionário ou multimilionário. Um bilionário.

Conheci Andres Pira em 2017, quando aceitei discursar em seu primeiro seminário presencial na Tailândia.

Sem-teto aos 20 anos de idade, dormindo nas praias da Tailândia, faminto, frustrado e com raiva daquela situação, Andres não fazia ideia de que no momento mais degradante de sua vida ele encontraria uma salvação. Ele recebeu de presente um exemplar do livro *O Segredo*, como se aquilo fosse coisa do destino.

Embora seu sucesso não tenha surgido da noite para o dia, hoje ele comanda 19 empresas, possui mais de duzentos funcionários e é o maior incorporador imobiliário no sul da Tailândia. Ele continuou a aplicar aquilo que aprendeu com *O Segredo*, obtendo resultados cada vez mais proeminentes e significativos. E ele estava só no começo.

Apesar de estar em seu seminário para discursar com outros palestrantes convidados, convenci Andres a subir no palco pela primeira vez e compartilhar sua história de miséria e sobrevivência, até se tornar uma pessoa de sucesso.

Depois, convenci Andres a escrever sobre os 18 princípios que ele usou para alcançar o sucesso, perguntando se poderia ajudá-lo a escrever sua biografia. Ele concordou.

A história é a que está no livro que você tem em mãos agora.

Aos 36 anos de idade, ele tinha quase metade de minha idade, embora nós dois tenhamos muito em comum.

Também já fui um sem-teto e lutei contra a pobreza por mais de dez anos. Comecei do zero, de autor não publicado a escritor famoso, chegando até a aparecer em um filme – o que me levou a mais conquistas do que poderia listar aqui.

Mas eu sabia que havia muito mais para aprender. Queria saber exatamente o que ele tinha descoberto em sua jornada, vivendo sozinho na praia no período em que esteve desabrigado, até começar a construir incríveis *resorts* de luxo em praias de todo o mundo. Tenho certeza de que você também quer saber quais foram essas descobertas.

Andres é uma inspiração para todos nós.

Vou contar uma história que Andres jamais contaria; é uma lição de amor e gratidão, e a razão pela qual você deve se esforçar para ser rico.

No início de 2018, a mãe de Andres ficou muito doente. Ela se sacrificou bastante por ele durante toda a vida, sendo a única pessoa que, de fato, o ajudou. Nos últimos tempos, fora quem havia libertado a atormentada alma de Andres, ao aceitar os inúmeros fracassos dele. Ao saber que ela estava doente, Andres largou tudo para estar a seu lado. Levou a mãe da Suécia para Bangkok, garantindo que fosse tratada pelos melhores médicos e fazendo questão de que estivesse rodeada pelas pessoas que amava.

A doença era agressiva, e os médicos avisaram que ela tinha pouco tempo de vida. Ela fez dois pedidos antes de falecer. Em primeiro lugar, queria toda a família reunida. O segundo foi que gostaria de morrer na Suécia, país onde tinha vivido por muitos anos.

Andres tomou as devidas providências e ligou para algumas pessoas. Contratou um jato particular e uma equipe de médicos e enfermeiros para dar suporte à mãe durante o voo, e conseguiu também outra equipe para ficar com ela na Suécia. Para honrar seus últimos pedidos, Andres não economizou em nada: trouxe as irmãs e o irmão de volta para a Suécia, para que pudessem ficar ao lado dela. Em família, passaram quatro semanas inteiras com a mãe. Ela morreu na Suécia, rodeada pelos familiares.

Quando você ler a história dele, entenderá por que isso foi algo que Andres teve de fazer pela mãe. O compromisso de lhe prover devidamente foi uma experiência significativa, honrando todo o impacto que a mãe teve em sua vida. A lição que pude tirar dessa história e que me emocionou tem a ver com o que ele me disse: o amor e a gratidão são libertadores. Ser capaz de dar esse presente à mãe não tinha preço, e a oportunidade para realizar um feito dessa grandiosidade foi possível somente por causa de sua riqueza. A história da mãe de Andres é um exemplo de como o dinheiro é neutro, nem bom, nem ruim. A maneira como você escolhe usá-lo é que faz toda a diferença. A riqueza oferece a opção de realizar coisas extraordinárias. Encorajo você a aprender esses princípios para atrair riqueza.

Ao ler este livro, lembre-se de que acredito verdadeiramente nisso e, como costumo dizer: "Esteja preparado para milagres".

— Dr. Joe Vitale
Dr. Joe Vitale é colaborador do livro *O Segredo*.

Prove Que Estou Errado!

Provavelmente você já ouviu falar sobre os princípios de riqueza que proponho neste livro. Ao lê-lo, é provável que pense: "Já sei disso". Ou talvez você nunca tenha lido nada a respeito desses princípios, mas vai rejeitá-los como algo pertencente ao senso comum. Ambas são reações legítimas. Aprendi da maneira mais difícil que o conhecimento não nos dá o que queremos – mas, sim, como colocamos esse conhecimento em prática.

Você está prestes a aprender como colocar os 18 princípios em prática, com clareza e simplicidade, para desbloquear todo o seu potencial, e obter e realizar tudo o que deseja.

Levei anos para aprender completamente esses princípios para atrair riqueza. Como disse antes, no início não era um bilionário. Tive sorte em chegar aos meus 18 anos. Em um dos piores momentos de minha vida, descobri o poder do conhecimento com um livro. Ao estudar, aprender e colocar em prática o conhecimento que adquiri lendo vários outros livros, transformei minha vida do modo "sobrevivência" para uma existência de abundância e muitas possibilidades. Os resultados que obtive não foram aquém de surpreendentes. Fui humilde. Sou grato.

Talvez você seja cético em relação à Lei da Atração e sua manifestação, em particular nos negócios. Afinal, milhões de pessoas em todo o mundo leram livros motivacionais, mas nem todos obtiveram os mesmos resultados que eu. A diferença consiste em tomar *ações* específicas.

Você está lendo um livro de negócios elaborado com base em uma jornada de autodescoberta. Os princípios que usei para atrair e criar riqueza e oportunidades ilimitadas em meu negócio foram inspirados pela enorme mudança que observei ao aplicar esses princípios em minha vida pessoal. A razão pela qual minha história ecoa mundo afora, bem como a de palestrantes mundialmente conhecidos como o dr. Joe Vitale, é que esses princípios não são teorias; são o resultado de anos de estudo, de tentativas e erros, e da devida disciplina para estar aberto aos diversos resultados. Como empresário de sucesso, posso afirmar que a aplicação desses princípios em seu negócio vai dar resultado, e espero que compartilhá-los, bem como minha história pessoal, possa mostrar a alta eficácia deles para sua vida.

Seu passado não pode ser alterado. Mas o futuro é seu, para ser moldado da maneira que desejar imaginá-lo.

Os ensinamentos deste livro não são meus. A maioria está documentado há séculos, e alguns em recentes pesquisas. Eles são uma combinação dos meus mais de vinte anos de avidez pelo conhecimento e da compreensão extraída de diversos seminários dos quais participei, ou mesmo de conversas pessoais que tive o privilégio de ter com alguns dos principais especialistas do mundo.

O que fiz foi adaptar esse conhecimento para se ajustar à vida moderna e aos meus negócios. Filtrei as informações e as apresentei aqui. O mais importante de tudo é que, de fato, vivencio o que ensino.

Filtrei meu conhecimento em 18 princípios. Cada um foi projetado para criar oportunidades e atrair riqueza em abundância. No início pode parecer um pouco estranho, mas confie e seja paciente. Você vai perceber como é rápido e fácil aplicar cada um desses princípios. Não fique eufórico, tentando colocar os 18 princípios em ação de maneira imediata, todos ao mesmo tempo. Conforme sua leitura for evoluindo, ficará cada vez mais claro quais princípios você pode implementar com rapidez e quais podem levar mais tempo para serem incorporados. Cada princípio tem um valor único.

Passei uma década com algumas das pessoas mais bem-sucedidas do mundo e que também se utilizaram desses mesmos princípios. Agora é sua vez. No final, se quiser, pode descartar tudo isso. Sua mensagem repleta de questionamentos também será bem-vinda. Eu vou rir, pois tive exatamente essas dúvidas quando comecei minha jornada. Tentar desmistificar tais conhecimentos me levou a vivenciar uma vida com a qual a maioria pode apenas sonhar. Lanço a você um desafio! Vá em frente, prove que meus 18 princípios estão errados. Mal posso esperar para ouvir como eles também mudaram sua vida para sempre.

A maioria das pessoas sonha com grandes realizações; mas poucos acordam e as realizam.

Princípio 1
TENHA FOCO NA VIDA – COMO UM *LASER*

Posso ser o que eu quiser ser.
– Charles F. Haanel, *A Chave Mestra*

Todos viemos de algum lugar

Eu cresci confiante de que não seria alguém que meus pais se orgulhariam de chamar de "filho". Esse pensamento negativo e não justificado quase me matou antes do meu aniversário de 18 anos levando-me à miséria.

Nasci em uma pequena ilha colombiana no mar do Caribe chamada San Andres, daí a origem do meu nome. Meu pai deixou seu país natal, a Suécia, ainda muito jovem e abriu um restaurante nessa ilha cercada por belas águas azuis. Foi nela que conheceu minha mãe. Naquela época, a ilha não era um lugar seguro. Meu pai carregava um revólver aonde quer que fosse. Além disso, meus pais queriam que seus filhos fossem educados na Suécia. Essas duas coisas – a falta de segurança e o desejo de uma boa educação para os filhos – foram as razões que levaram meus pais a fazer um enorme sacrifício para voltar à Suécia assim que minha mãe ficou grávida de minha irmã.

Eu tinha 3 anos quando minha família se mudou, e apenas quatro anos depois meus pais se divorciaram. Eles nunca me disseram o porquê, mas eu podia ouvir o barulho de vidro e objetos se quebrando do lado de fora do meu quarto, enquanto ficava chorando, tampando os ouvidos e rezando para que parassem. Era mais que suficiente para saber que as coisas não iam bem entre eles. Pensando em minha infância, tenho apenas alguns fragmentos de memórias e poucos detalhes dos lugares onde minha vida começou.

Às vezes, um passado sombrio precisa permanecer no passado para que você possa avançar e criar um futuro melhor.

Meu pai era rigoroso e exigia que eu fizesse minha lição de casa logo que chegasse da escola. Toda noite, quando eu saía do meu quarto, ele pegava um dos meus livros escolares e me fazia perguntas para se certificar de que eu havia feito todo o meu dever corretamente. Ele queria provas de que eu dominava as matérias, para que pudesse me sair bem nas provas. Uma resposta errada e era mandado de volta ao quarto até aprender toda a lição que havia feito naquela noite. Havia noites em que detestava os métodos rigorosos de meu pai, mas aprendi habilidades valiosas que depois viriam a fazer parte de minha vida. Devo meu senso de disciplina e dedicação, quando se trata de estudar e adquirir conhecimento, a meu pai.

As lições ensinadas por minha mãe, que moldaram minha vida, eram do tipo que não se ensina na escola. Ela as ensinou para mim quando saí de casa.

Embora meus pais fossem divorciados, moravam perto um do outro. Eu os via regularmente, e, se por acaso me desentendesse com um deles, poderia ficar com o outro. Passei inúmeras noites me revezando entre a casa de um e de outro, tentando descobrir a qual pertencia de fato.

Enquanto crescia, sentia-me atormentado pelo pensamento de que não tinha nenhum controle sobre minha existência cotidiana. Então, no caminho entre a casa dos meus pais, formei comportamentos inapropriados para alguém em busca de uma vida bem-sucedida.

Vivendo sem foco

Meu *status* de "garoto durão" era mais importante que a reputação de "garoto inteligente". Embora soubesse as respostas para as perguntas dos professores, nunca levantei minha mão; isso fazia parte da personalidade que criei. Fui repreendido diversas vezes pelo meu mau comportamento escolar.

O famoso filósofo alemão Arthur Schopenhauer uma vez disse: "Os dois inimigos da felicidade humana são a dor e o tédio". Ele tinha razão sobre o tédio. O tédio, acompanhado de um comportamento explosivo, não lhe permitem tomar boas decisões. Fui reprimindo por travessuras, tais como colocar um peixe de verdade no duto de ar da escola, causando um mau cheiro que culminou no fechamento da escola por três dias.

Por que eu estava tão focado em valorizar as coisas que me prejudicavam? Por que esse desejo de ser tão destrutivo?

A resposta mais simples era que eu vivia uma existência sem foco, sem saber ao certo o que queria fazer, ser ou ter na vida. Perambulava pela vida sem relacionar minhas escolhas aos resultados.

Escolhas definem resultados

Aos 15 anos, abandonei o Ensino Médio e me viciei em um estilo de vida festeiro. Quando não se tem objetivos e há uma forte necessidade de sentir que as coisas estão acontecendo ao seu redor – boas ou ruins –, a festa sempre acaba encontrando você. Minha vida era uma grande festa.

Raramente ficava um dia sem beber, vagando pelas ruas de Estocolmo, enquanto outros rapazes da minha idade estavam na escola. Aprendi a empurrar o dia com o cérebro encharcado de álcool.

Minha turma de amigos compartilhava das mesmas ambições limitadas que eu, tornando ainda mais fácil ficar à toa na rua.

Logo o grupo de amigos festeiros transformou-se em uma gangue que às vezes arranjava confusão até entre si, mas que, em geral, costumava brigar com outras gangues.

Havia apenas uma regra nas ruas dos subúrbios de Estocolmo: nunca demonstre fraqueza ou medo. Ganhei meu respeito desferindo socos sem jamais demonstrar dor, não importando quanto meus dedos e punhos pudessem doer por ter acertado os ossos alheios.

A voz que você ouve no fundo do poço

A intoxicação contínua entorpece o juízo. De minha adolescência, lembro-me de três coisas: negar, beber e dar justificativas. Como já disse, não tinha a confiança de que poderia ser alguém de quem meus pais fossem se orgulhar um dia, por isso vivia sem objetivos específicos. Sentia como se eu já tivesse falhado, então por que trabalhar para conseguir alguma coisa? Estava no caminho para me tornar um alcoólatra pelo resto da vida, a um erro ou dois de ir parar na cadeia, ou coisa pior: um túmulo. Não era incomum eu ser preso, entrar em brigas, exagerar e criar problemas sem nenhuma razão. Aos 18 anos, pensava se conseguiria chegar aos 19.

O dia em que achei que estava morto

Conforme eu ia crescendo e ficando mais forte, minha raiva seguia o mesmo caminho.

As brigas de rua e em bares tornavam-se cada vez mais frequentes e intensas. O primeiro ponto para a guinada de minha vida foi acordar nas escadas de um prédio abandonado, a cabeça ferida, as roupas imundas e sem a menor ideia de onde estava ou de como havia chegado lá, questionando a mim mesmo: "Será que estou morto? Eu morri?".

Um dia inteiro se passou enquanto permanecia naqueles degraus. Meu corpo estava desconectado da cabeça; estava jogado em cima de cacos de vidro. Não parava de pensar que havia morrido e que aqueles eram os degraus dos mortos.

Quando voltei para casa, o olhar da minha mãe era indescritível. Sem que dissesse uma palavra, senti sua dor, preocupação, decepção, seu desespero e a raiva que emanava dela. Aquilo me machucou mais do que qualquer soco que já houvesse levado.

Quando meu pai soube que eu havia retornado, ele e minha mãe discutiram sobre "o que fazer com Andres". Logo fui transportado para minha infância, para o meu antigo quarto, com lágrimas escorrendo no rosto, as mãos tampando as orelhas.

Estava em uma encruzilhada. Comecei a temer que minha mãe pudesse se sentir culpada por algo que viesse a acontecer comigo; que de alguma maneira ela pensasse que acabara apoiando o estilo de vida descontrolado que havia matado o filho. Por outro lado, não queria viver de acordo com as regras do meu pai. Mais importante: não queria mais ser o motivo das brigas entre meus pais. Precisava começar a me responsabilizar por mim mesmo. Então, decidi procurar meu primeiro emprego – uma decisão que me pareceu fenomenal para quem estava no fundo do poço.

Saiba quando recomeçar

O primeiro emprego que consegui na Suécia foi de vendedor de cartão de celular pré-pago em uma empresa de telemarketing, no qual eu realizava de duzentas a trezentas ligações telefônicas todo dia em um período de oito horas.

Odiava meu trabalho. Vivia em uma constante escuridão – metaforicamente em relação à minha mente, mas também literalmente, uma vez que meu trabalho era do meio-dia às nove horas da noite. Quando saía, já estava escuro e frio. Odiava tudo o que se relacionasse a esse emprego. Prometi que sairia para as baladas somente nos finais de semana, então mantinha o mínimo contato com as pessoas durante a semana. Para manter meu emprego, sem festejar, beber nem brigar, fui obrigado a me distanciar dos amigos com quem saía durante meu "tempo de gangue". Fiquei isolado, sem nenhuma vida social após o horário de trabalho.

Meu novo estilo responsável de vida me levou a um estado depressivo que jamais poderia imaginar. Não tinha motivação nenhuma, mas estava disposto a permanecer naquele emprego deprimente. Tinha sido necessário me afastar de vez dos amigos e das festas para me manter no caminho certo, mas estava sozinho e isolado.

Para piorar, essa situação criou um universo na minha mente que nutria ressentimento, frustração, autopiedade e raiva. Meus pensamentos estavam sempre envolvidos por essas emoções.

Como sempre encontrava desculpas para faltar no trabalho, acabei sendo demitido. Coloquei a culpa na empresa, nos meus gerentes e até nos clientes. Afirmei a mim mesmo que aquele resultado não era minha culpa. É isso o que fazemos quando não assumimos a devida responsabilidade.

Acreditava que sem uma excelente formação escolar nunca seria capaz de conseguir um bom emprego. Senti-me em um beco sem saída.

Meu médico me prescreveu três antidepressivos diferentes. Feliz por escapar da angústia diária, tomei os remédios, o que só piorou as coisas. Fiquei completamente isolado do mundo, tão paranoico que achava que alguém estivesse vindo me pegar. Ficava parado na frente da minha porta por horas, esperando que "eles" chegassem. Foi um completo colapso mental.

Na escuridão, no ponto mais baixo ao qual havia chegado, ouvi uma voz dizer: "Você é melhor que isso". Essa voz se tornou cada vez mais persistente.

A voz, que agora sei pertencer ao universo, tentava me dizer algo. Mas eu ainda não estava pronto para ouvir. Conseguia escutar a voz dizendo: "Você é melhor que isso", mas não sabia o que fazer com essa informação. Sendo assim, como de costume, o universo mudou de tática.

Naquele mesmo ano, meu avô faleceu. Morreu do nada, sem aviso prévio. O impacto foi enorme, como se uma tonelada de tijolos caísse sobre mim. Sua morte criou um pensamento ressonante em minha cabeça: "Nunca vou ser melhor que isso se não fugir desse lugar".

Sabia que, se quisesse ter alguma chance de sobrevivência, teria de deixar tudo para trás. Sabia no fundo do meu ser que precisava sumir daquele lugar e encontrar algo que realmente fizesse sentido em minha vida. Era preciso me distanciar de tudo, para encontrar uma nova perspectiva.

Dois meses depois, o universo voltou a bater à minha porta. Meu avô deixou de herança para cada um de nós – minha irmã Linda, meu irmão Kristian e eu – US$ 2 mil. Quando meu pai me entregou o cheque, disse que era para usá-lo especificamente na minha formação, ou depositá-lo em uma conta poupança para usar no futuro. Mas, assim que peguei os 2 mil, tive uma inspiração. Poderia usar esse dinheiro para sair dali – comprar uma passagem e desaparecer. Isso me encorajaria a recomeçar.

Não tinha a menor ideia de onde um bilhete só de ida poderia me levar, ou o que faria quando chegasse nesse lugar, tampouco como sobreviveria sem conhecer absolutamente ninguém. Mas afastei qualquer tipo de hesitação da minha cabeça. A voz que ouvi naquele momento me dizia: "Não se preocupe com o 'como'".

Comece com um objetivo

Saber *exatamente* o que quer na vida é o primeiro princípio para atrair riqueza. Você deve ser bem específico na definição dos objetivos que deseja alcançar, mantendo-os em mente, bem como a importância deles em sua vida. A chave é deixar esse objetivo em primeiro plano mental, estando aberto à possibilidade de ajustá-lo à medida que novas oportunidades surgirem. Será que eu compreendia isso quando comprei aquela passagem de avião? Definitivamente não! Sou grato ao universo por ter compreendido por mim.

O que eu sabia é que deveria permanecer focado como um *laser* no que realmente queria fazer, ser e ter.

A diferença do sucesso

Estudei os mestres do sucesso como Jack Canfield, dr. Joe Vitale, Brian Tracy, Napoleon Hill, entre outros, lendo os livros e participando dos seminários deles. Descobri que esses líderes de sucesso possuem uma característica em comum com algumas das pessoas mais ricas do mundo: eles registram por escrito seus objetivos. Estudos podem confirmar isso, os grandes mestres o ensinam, e minha experiência pessoal também comprovou: anotar seus objetivos é imprescindível. Todo ano escrevo 101 objetivos que vou alcançar nos próximos doze meses. Realmente funciona! Faço disso uma grande parte da administração de minhas empresas.

Larguei os estudos durante o Ensino Médio, fui membro de uma gangue e não tive o apoio de uma família rica. Fui sem-teto, falido e diagnosticado com depressão. E, apesar dessas limitações, alcancei um incrível sucesso. Mas não sou diferente de ninguém. O foco "de *laser*" que concentro em meus objetivos e a disciplina para executá-los permitem que eu atraia riqueza e inúmeras oportunidades para minha vida. Estabelecer objetivos é algo realmente poderoso.

Ajustando os objetivos ao negócio

Quando perguntamos às pessoas sobre seus objetivos, a maioria não tem certeza deles ou não consegue expressá-los de maneira clara e bem definida. Parte do meu sucesso nos negócios envolve ensinar aos funcionários a sonhar e a identificar seus objetivos com base em um exercício para a definição deles:

1. Anote todas as coisas que você não quer para sua vida.

2. Depois de não ter mais nada para escrever, trace uma linha após a última coisa que não quer na vida.

3. Em outra folha de papel, anote o oposto do que acabou de escrever. Por exemplo, se você escreveu: "Não quero ser pobre", na outra folha escreva: "Quero ser rico". Se escreveu: "Não quero continuar sozinho", escreva o oposto: "Quero estar em um relacionamento", e assim por diante – não quero ficar doente/quero ser saudável; não quero ficar neste lugar para sempre/quero viajar e conhecer coisas novas.

4. Depois de concluir a segunda lista, faça uma terceira: "O que posso começar a fazer hoje?". Essa lista é para dar precisão às coisas que deseja fazer. Por exemplo: "O que posso começar a fazer hoje mesmo, algo de que eu goste e que pode me deixar rico?". Ou então: "Se não quero ficar sozinho, que tipo de atividades, trabalhos e *hobbies* posso fazer hoje que me possibilitem ter uma boa interação social e apreciar a vida?". Ou ainda: "Se quero ser saudável, qual esporte ou exercício físico que gosto de praticar vai impactar positivamente minha saúde?".

5. Depois de criar a lista "O que posso começar a fazer hoje?", circule os cinco objetivos que mais o inspiram e crie um cronograma de ação razoável em relação a esses objetivos. Em seguida, circule os próximos cinco, e assim por diante, até que tudo esteja circulado e com prazos.

6. Mantenha sua lista final acessível para ajustar os detalhes e os prazos quando começar a realizar as atividades.

7. Pensar nas coisas que você não quer e trocá-las pelas que você quer criará a base para a construção de objetivos com real intenção de realização. Fazer isso também vai treiná-lo a viver positivamente, o que é melhor do que se limitar a ter pensamentos positivos. A ciência corrobora a eficácia desse tipo de ação.

O funcionário que estabelece objetivos é mais eficaz

Passar um tempo com seu funcionário para debater os objetivos dele tem um impacto substancial nos resultados, tanto do ponto de vista motivacional quanto de desempenho. Um dos principais executivos de nossa organização iniciou conosco seis anos atrás sem nenhum objetivo concreto ou desejo para sua vida. Ele estava motivado a aprender e se ajustou bem às lições que lhe ensinei. Acabou registrando por escrito 92 objetivos que queria alcançar e os respectivos planos de ação. Com essa estratégia, realizou 83 deles em menos de seis anos.

Anatomia de atração da riqueza

Existe uma conexão entre o que visualizamos mentalmente e o que trazemos à realidade por meio de ações. Na visualização, podemos alterar a força das ondas cerebrais para nos conectar ao que desejamos e a nossa capacidade física para alcançar nossos objetivos. Chamo isso de anatomia de atração da riqueza.

Um estudo: Tocando piano em sua mente[1]

Pesquisa realizada pela Universidade de Harvard, focada no cérebro e em como os pensamentos o afetam, com dois grupos distintos tocando piano: um tocando de verdade e outro fazendo-o apenas mentalmente. Ambos os grupos tinham a mesma capacidade intelectual, e nenhum deles sabia tocar piano. Um grupo foi instruído a tocar escalas todos os dias, enquanto o outro deveria somente pensar que tocava as mesmas escalas do outro grupo.

Foram feitas tomografias antes do estudo para mensurar os níveis de atividade cerebral. Após o estudo, os dois grupos tiveram o cérebro sujeito ao mesmo exame mais uma vez. As tomografias deviam apontar qualquer alteração estrutural no cérebro como resultado de tocar o piano, fosse tocando-o de verdade ou mentalmente.

Nos dois grupos, a parte do cérebro que corresponde ao movimento dos dedos (ao tocar piano) mostrou um crescimento considerável. Isso demonstrou que apenas pensar em tocar piano tem força suficiente para alterar o cérebro como se a pessoa estivesse realmente tocando as notas musicais.

Moldar a realidade requer visualizar o futuro com riqueza de detalhes.

---

[1] A. Pascual-Leone, D. Nguyet, L. G. Cohen, J. P. Brasil-Neto, A. Cammarota, M. Hallet, "Modulation of Muscle Responses Evoked by Transcranial Magnetic Stimulation During the Acquisition of New Fine Motor Skills" ["Modulação das respostas musculares evocadas pela estimulação magnética transcraniana durante a aquisição de novas habilidades motoras finas"], *Journal of Neurophysiology* 74, nº 3, setembro de 1995: 1037-45, doi: 10.1152/jn.1995.74.3.1037.

Riqueza de detalhes nos objetivos

Não seja vago ao definir seus objetivos, dizendo, por exemplo: "Quero ser rico" ou "Quero ser saudável". Essas são apenas as primeiras frases do parágrafo para detalhar seus objetivos. Ao definir um novo objetivo, sempre faça e responda a estas três perguntas:

1. Como será, precisamente, esse item ou experiência quando se tornar realidade?
2. De quanto tempo vou precisar até alcançar esse objetivo?
3. Como vou me sentir e me comportar quando o tiver alcançado?

Um bom exemplo pode ser: eu quero ser rico – quero ganhar US$ 50 mil a mais nesse ano e quero realizar isso, pelo menos, nos quatro próximos meses. Quero poder olhar para minha conta bancária e ver um saldo extra de US$ 50 mil ainda nesse ano. Vou me sentir aliviado, feliz, alegre e em paz pela renda extra e ser capaz de cuidar da minha família e de minhas dívidas.

Nutrir imagens brilhantes e vívidas na mente é essencial para criar oportunidades em sua vida. Você não precisa entender *como* vai alcançar seus objetivos; apenas seja claro sobre o que deseja e como quer se sentir quando os alcançar.

Princípio 2
ARRISQUE, RESPONSABILIZE-SE E TOME AS DEVIDAS ATITUDES

*Aquele que não tem coragem de assumir riscos
não alcançará nada na vida.*
– Muhammad Ali

Como dizer a seus pais que está indo embora e não sabe se vai voltar?

Fui tomado pelo nervosismo, mas, enfim, consegui forças para ir atrás do que eu desejava para minha vida. Estava prestes a enfrentar meus pais e dizer a eles que precisava de um recomeço. Tinha de fazer algo antes que a negatividade envolvesse minha vida de novo.

Quando nós três estávamos na casa de minha mãe, fiquei encarando o chão enquanto organizava meus pensamentos, engolindo em seco. Minutos se passaram, mas uma ideia permaneceu sólida em minha mente: "Você não pode voltar atrás".

Então, como se outra pessoa estivesse falando, as palavras saíram da pior maneira possível:

– Estou de partida. Decidi ir embora. Não por um tempo; para sempre. Não aguento mais ficar aqui. Sinto-me preso. Na vida. Estou preso em minha própria vida. – Não conseguia impedir que as palavras saltassem de minha boca. – Preciso... preciso ir para outro lugar para ser feliz.

Estava consciente da dor que aquelas palavras infligiriam em minha mãe. Ela havia trabalhado incansavelmente para que eu tivesse uma boa vida. Meu pai, por sua vez, questionou minha sanidade e começou a racionalizar a situação.

Tirei o bilhete do bolso de trás.

– Usei o dinheiro que ganhei do meu avô. Já comprei a passagem.

Minha mãe, calada o tempo todo, enfim se voltou para mim. Seu olhar tirou minhas forças. Como poderia deixá-la, talvez para sempre? Minhas mãos ficaram trêmulas. Tentava encontrar palavras que pudessem tirar aquela expressão de seu rosto, mas não precisei, pois ela falou:

– Andres, vá. Pode ir. Vá! Siga seu coração e faça aquilo que acredita ser o certo. Se tudo der errado, sempre vou estar aqui, esperando por você de braços abertos.

Permissão. Com aquelas frases, minha mãe me libertou de minha tortura, permitindo-me falhar.

O presente que o universo me deu naquele dia me faz acreditar que não havia outra escolha senão tomar essa ação imediata, agir inspirado pelo pensamento de que, se eu sumisse daquele lugar, minha vida seria melhor.

Riscos mais ação igual a crescimento

Quando cheguei a Bangkok, mal podia esperar para sair do avião, ver o mar azul e as praias de areia branca e beber minha primeira água de coco. Mas, assim que saí, tudo o que podia ver eram arranha-céus e um tráfego inimaginável. Prédios, carros, fachadas de lojas e milhares de pessoas tentando falar comigo. Enquanto isso, eu procurava o paraíso que havia criado em minha mente. Não havia mar, nem praias, nem palmeiras. Passei dias festejando com meus amigos antes de sair de casa, mas não havia feito nenhuma pesquisa sobre o país onde iria morar. Tinha apenas US$ 100 comigo – tudo o que restara da herança de meu avô.

Phuket ficava tão ao sul que eu precisaria de outra passagem de avião para chegar lá; custaria mais do que eu tinha.

Você recebe exatamente o que pede, então peça com sabedoria.

Precisei comprar uma passagem de ônibus de US$ 50 para uma viagem de dezoito horas rumo a Phuket, seguindo o conselho do único agente de viagens que falava minha língua. Sem muitas opções e sem ter para onde ir, cheguei cedo à rodoviária e me sentei em um banco público do outro lado da rua da estação de ônibus.

A dois bancos de distância havia dois caras bebendo algum tipo de bebida alcoólica. Não demorou muito para acenaram para mim e me convidarem para beber com eles. Esse cenário me era familiar: beber nas ruas com "amigos"; logo me juntei a eles.

Assim que contei minha história, eles me asseguraram que viajar para Phuket era uma boa ideia, porque havia muito dinheiro naquela região, além de vários *farangs* ("turistas" em tailandês).

Em seguida, me perguntaram se eu já havia experimentado o uísque tailandês, chamado de *lao khao* ("arroz fermentado"). Explicaram-me que era uma bebida deliciosa e muito forte. Eu estava prestes a embarcar no ônibus para uma viagem de dezoito horas e começar uma nova vida; pareceu um bom motivo para comemorar – além do mais, pensei que a bebida pudesse me ajudar a dormir no ônibus.

Um gole logo se tornou dois, depois dez. A próxima coisa de que me lembro foi ter acordado dentro de um carro em movimento, no meio da escuridão. Usando meu celular como lanterna, olhei ao redor, observando que estava rodeado por malas e bolsas.

Entrei em pânico. Por que aquilo estava acontecendo *comigo*? Minha mente se acelerou e minha respiração ficou entrecortada.

Tudo o que podia fazer era olhar em volta usando a fraca luz do celular. Observando o espaço ao redor, percebi que estava deitado em um cobertor branco, com malas e bolsas quase me cobrindo. Por fim, entendi que estava no compartimento de bagagem na parte de baixo do ônibus.

Foi apenas quando o ônibus fez uma parada para o jantar que o motorista abriu a escotilha do bagageiro e pude sair rastejando, totalmente confuso e perdido. O motorista me explicou que eu tinha ficado tão bêbado que havia desmaiado no banco onde estava bebendo com os caras que tinha acabado de conhecer. Quando o ônibus chegou ao embarque da rodoviária, eles não conseguiram me acordar para que eu embarcasse. A bebida de arroz fermentado tinha me apagado por completo.

O motorista do ônibus me explicou que as pessoas com quem eu estava bebendo sabiam que eu iria para Phuket, então eles o convenceram a me colocar no ônibus. Receoso de que eu passasse mal dentro do ônibus ou incomodasse os outros passageiros, o motorista concordara em me levar no compartimento de bagagem. Esticaram um cobertor branco para que eu deitasse nele e arranjaram um travesseiro, cercando-me de malas e bolsas para que eu não ficasse rolando.

Na época, acreditava que ter ido para Phuket no compartimento de bagagem era apenas mais uma coisa desagradável que estava acontecendo *comigo*, embora não fosse capaz de entender o motivo. Não associava minhas escolhas aos resultados. Quando reflito hoje sobre o que de fato aconteceu, percebo que foi a viagem de ônibus mais confortável que já fiz na vida, e que aqueles dois caras que nunca mais vi me salvaram ao me colocar no ônibus. O motorista do ônibus ter permitido que eu viajasse no compartimento de bagagem foi um ato de bondade. O universo me apresentava a bondade e a generosidade dos tailandeses, país que mais tarde chamaria de lar.

Coloque ação em sua vida

Quando cheguei a Phuket com apenas US$ 40, fui envolvido por uma onda de ânimo e pânico. Estava pronto para começar uma nova vida naquele lugar maravilhoso, mas sabia que precisava encontrar logo um emprego.

Passei por todos os hotéis ao longo da praia para ver se algum deles precisava de um jovem trabalhador motivado que falasse três idiomas diferentes com fluência. No segundo dia, consegui uma vaga temporária. Era um trabalho mal remunerado que consistia em distribuir convites para turistas visitarem o hotel e falar sobre as últimas promoções e pacotes de viagem. Eu receberia uma pequena comissão a cada turista que chegasse apresentando um dos meus convites. Agora eu tinha um emprego na Tailândia. A ironia era que estava distribuindo panfletos e conversando com as pessoas sobre a diversão e as belezas de Phuket como se tivesse vivido lá por toda a minha vida – embora não houvesse ainda vivenciado nada daquilo.

Com esse primeiro emprego, aluguei um quarto minúsculo com ventilador, cama e chuveiro. Ganhava de US$ 15 a 30 por semana, o suficiente para pagar apenas pelo quarto e comprar uma tigela de macarrão instantâneo por dia, mas sentia-me feliz. Enfim havia conseguido meu mar azul, as praias de areia branca e as palmeiras. Estava tomando ações acertadas em minha vida, e estava valendo a pena. Tudo o que precisava fazer agora era seguir em frente.

Risco e fracasso

Na época, recebia cerca de 100 *bahts* por dia (aproximadamente US$ 3). Isso cobria meu macarrão instantâneo diário (30 *bahts*) e o combustível para a moto alugada que usava para trabalhar todos os dias (50 *bahts*). Usava os 20 *bahts* que sobravam para recarregar os créditos do celular. Eu estava gastando dinheiro com bebida em vez de pagar o aluguel. Podia pagar apenas uma tigela de macarrão instantâneo por dia. Logo comecei a pedir para a gentil senhora tailandesa que trabalhava no pequeno restaurante onde eu comprava o macarrão se poderia "pendurar" a conta.

Mesmo com tanta generosidade, acordei uma manhã com batidas na porta e três policiais do outro lado. Estavam lá para cumprir uma ordem de despejo.

Eu devia dinheiro para todos os que conhecia, e não havia ninguém que pudesse me ajudar. Não estava disposto a ligar para os meus pais e dizer que havia fracassado de novo. Era muito orgulhoso para isso. Então lá estava eu, totalmente endividado e agora um desabrigado sem-teto.

O bom da ilha de Phuket é que lá existem dezesseis praias de areia branca. Onde quer que você more, vai estar sempre perto de uma delas. Meu primeiro pensamento foi ir até a praia mais próxima com minhas duas malas e me sentar sob a sombra de uma palmeira, tentando descobrir o que fazer com essa nova situação na qual a vida tinha me colocado. A distância do meu quarto alugado até a praia mais próxima era mais ou menos de quinhentos metros.

O primeiro dia com minhas duas malas sob uma palmeira tornaram-se vários. Mudar-me para aquele lugar e terminar daquele jeito... Tinha valido a pena?

O fracasso enrijecesse o espírito e ensina uma lição. O sucesso ocorre quando você relaxa e coloca em prática essa lição.

Tome as devidas ações

A maior parte das pessoas tem medo do fracasso, mas o que as deixa apavoradas é procrastinar e deixar de lado seus sonhos. Elas têm medo dos desafios, de não atingirem o sucesso tão rápido quanto desejariam. O que as pessoas não percebem é que, antes de atingirem o sucesso, elas recuam. Começam a duvidar. Passam a temer, e é aí que realmente falham. Se encararmos o fracasso, os contratempos ou os desafios como oportunidade de aprendizado, jamais fracassaremos de fato. Embora minhas primeiras vinte ideias de negócios não tenham se tornado um total sucesso, aprendi com essas experiências para criar outras dezenove muito bem-sucedidas.

A ciência do risco

Há inúmeros exemplos em que uma simples avaliação de risco poderia ter acabado com uma ideia de negócio que acabou se tornando um enorme sucesso.

O que se deve levar em consideração ao assumir um risco:
- Seu cérebro pode perceber o risco com base na emoção ou na lógica.
- Lembrar-se de que correr riscos é algo bom; isso reduz a ansiedade.
- Aprender com o fracasso melhora a autoconfiança para se assumir futuros riscos.

Pesquisas demonstram que o centro de tomada de decisão do cérebro é composto de dois tipos de célula: excitatória e inibitória; células excitatórias compõem cerca de 80% dessa parte do cérebro, e células inibitórias compõem os 20% restantes.[2] Quando somos jovens, não temos experiência para controlar as células excitatórias, razão pela qual crianças e adolescentes não costumam pensar muito antes de assumir comportamentos arriscados. Com a idade vem a experiência; a experiência torna-se um filtro que diminui os comportamentos arriscados, porque nosso cérebro atribui emoção às experiências passadas.

A autora Kayt Sukel dedica uma seção de *The Art of Risc* ao cérebro jovem, em particular à mente do adolescente, que, como se sabe, aceita mais riscos. Ela detalha a pesquisa sobre hormônios sexuais na região ínsula do cérebro e como os adolescentes respondem a questões de "boa ideia/má ideia". Sukel cita estudos fascinantes que revelam coisas como o maior tempo de resposta dos adolescentes em relação aos adultos para responderem perguntas como: "É uma boa ou uma má ideia comer uma barata?". Os ado-

---

[2] György Buzsáki, Kai Kaila e Marcus Raichle, "Inhibition and Brain Work" ["Inibição e atividade cerebral"], *Neuron* 56, n° 5, 6 de dezembro de 2007: 771-83, doi: 10.1016/j.neuron.2007.11.008.

lescentes geralmente precisam pensar mais porque têm menos experiência e estão mais abertos a novas possibilidades, sendo menos propensos, portanto, a responder com um "má ideia" de imediato.[3] Lendo essa pesquisa pude entender a razão de minhas tolas aventuras durante o período escolar e minha participação em uma gangue de Estocolmo.

A arte de se arriscar

Entenda como seu cérebro reage aos riscos. Pesquisas recentes sobre o cérebro revelam que correr riscos pode ser algo consciente ou inconsciente.[4] Quando é de maneira inconsciente, você pode não ter conhecimento da ameaça ou de como a vê. Sentimentos ou emoções podem obscurecer o pensamento racional e crítico, ou podem fomentá-lo. Mesmo que estivermos conscientes dos sentimentos, não temos consciência de quanto impacto as emoções do subconsciente têm sobre nosso desejo de correr riscos.

A pesquisa também afirma que pessoas sociáveis, impulsivas, amantes de sensações fortes ou agressivas têm mais probabilidade de se arriscar.[5] Se você comparar Mark Zuckerberg, o "garoto de faculdade sem nenhum senso para os negócios" que deu início ao Facebook, com os administradores profissionais da NewsCorp, que administravam o Myspace como um negócio, fica claro quem teve

---

3 Kayt Sukel, *The Art of Risc: The New Science of Courage, Caution & Chance* (Washington, DC: National Geographic, 2016).
4 Srini Pillay, "A Better Way to Think About Risk" ["Uma maneira melhor de pensar sobre riscos"], *Harvard Business Review*, 23 de dezembro de 2014. Disponível em: https://hbr.org/2014/12/a-better-way-to-think-about-risk. Acesso em: 28 set. 2020.
5 Marvin Zuckerman, "Are You a Risk Taker" ["Você assume riscos?"], *Psychology Today*, 1º de novembro de 2000. Disponível em: https://www.psychologytoday.com/us/articles/200011/are-you-risk-taker. Acesso em: 28 set. 2020.

mais tolerância aos riscos. Ser alguém que se arrisca demonstra que você é apaixonado pelo que está fazendo, e, em geral, tem relação com vivenciar fortes emoções.

O cérebro foi feito para aprendermos com base nos erros; é por isso que naturalmente aprendemos com nossas experiências. Steve Blank, CEO da Rocket Science Games, queria revolucionar a indústria dos jogos de *videogame*, mas acabou perdendo US$ 35 milhões em financiamentos. Em vez de desistir, ele persistiu e abriu outra empresa, a Epiphany, que rendeu para cada um dos investidores US$ 1 bilhão.

Criar felicidade e confiança

Assumir responsabilidades pode ser embaraçoso, humilhante, doloroso e até caro. No entanto, aceitar a responsabilidade por suas escolhas pode também fortalecê-lo.

Assumir responsabilidade pessoal significa não culpar os outros pela sua infelicidade. Significa descobrir maneiras de ser feliz apesar do comportamento (negativo) de outras pessoas e das circunstâncias externas.

Quando fazia parte de uma gangue, bebendo e brigando nas ruas de Estocolmo, não acreditava que pudesse ter controle sobre minha vida, e culpava todos ao meu redor pelos resultados de minhas escolhas. Sentia-me deprimido e infeliz porque pensei que não tivesse controle sobre minha vida. Uma maneira de assumir responsabilidades é mudando sua resposta emocional e conexão com um evento. Quando era demitido, ficava com raiva e pensava que não merecia aquilo, pois meu chefe não se preocupava comigo.

Se tivesse reconhecido que meu chefe havia percebido que eu estava infeliz naquele emprego, dadas minhas ações – e que ele me dava a possibilidade de encontrar um trabalho mais significativo, porque se importava comigo –, ficaria grato e mais confiante quanto aos próximos passos a serem dados. Claro que assumir a responsabilidade por chegar atrasado ao trabalho e ser demitido, e ainda se sentir grato por isso, exige um grande esforço. Mas podemos aprender a controlar as emoções até atingir esse patamar.

Ter controle mental leva à confiança

Assim como uma criança não pode se imaginar tão forte quanto um adulto, pessoas que não desenvolveram a capacidade de interpretar a dificuldade de maneira positiva também não conseguem se imaginar felizes em uma circunstância extremamente negativa.

É interessante pensar na capacidade de controlar sua resposta emocional a determinado evento como se fosse um músculo. Assim como o bíceps só fica mais forte quando você o exercita, se deixar que pequenos incidentes – como uma discussão com uma garçonete rude – acabem com seu humor, como espera se manter feliz quando uma situação mais extrema – como uma longa visita de um parente desagradável – acontecer?

Um elemento crítico no desenvolvimento do controle das emoções é a disposição para aceitar o que quer que apareça pelo seu caminho. Se não puder aceitar integralmente as dificuldades, por exemplo, um chefe tóxico ou problemas de saúde, não será possível interpretar eventos árduos de maneira positiva e, portanto, você não poderá se manter feliz. Sendo assim, assumir a responsabilidade pela própria felicidade envolve, em suma, disposição para não questionar e aceitar as dificuldades que a vida nos apresenta.

Quanto mais fizermos isso, mais confiante ficamos para tomar novas ações, nos recuperarmos mais rápido e seguirmos em frente. A confiança melhora, também, nossa capacidade de assumir riscos.

Agir "como se"

O filósofo vitoriano William James elaborou teorias sobre as emoções e o comportamento. James afirmou que não são nossos sentimentos que orientam as ações (sinta-se feliz e você vai rir). Pelo contrário, são nossas ações que orientam as emoções (ria e você se sentirá feliz). "Se você quiser uma qualidade, aja como se já a tivesse", concluiu.

O mesmo conselho se aplica a quase todos os aspectos da vida cotidiana. Ao agir como se você fosse determinado tipo de pessoa, você acaba se tornando essa pessoa – isso é o que se chama de princípio "como se".

Princípio 3
FOCO NO "EU SOU"

*Pensamentos se tornam coisas.
Se você as vê em sua mente, vai segurá-las na mão.*
– Bob Proctor, *Você Nasceu Rico*

Depois de ser expulso do meu minúsculo quarto na Tailândia, passei dias dormindo na praia, usando a mochila como travesseiro e minhas duas toalhas como cobertores. Fazia questão de acordar às cinco horas da manhã, pouco antes de os primeiros turistas ou trabalhadores chegarem à praia, para que não me vissem. Passei noites olhando para as estrelas, tentando entender como havia acabado daquele jeito, debaixo das palmeiras. Em algumas noites chorava até pegar no sono; em outras, ficava com raiva e culpava a empresa onde tinha trabalhado, meus pais e meus amigos por aquela situação. Culpava tudo e todos por ter me tornado um sem-teto – exceto a mim mesmo.

Sentado na praia em uma tarde qualquer, desesperado e faminto, pensei em como conseguir um pouco de comida. Já havia emprestado dinheiro de todos os que conhecia, e a única pessoa disposta a ainda me dar crédito era a adorável senhora do pequeno restaurante onde eu costumava comer meu macarrão instantâneo. Ao longo dos anos, ela se tornou uma segunda mãe para mim, e lhe confidenciei toda a minha vida enquanto comia minha pequena tigela de macarrão instantâneo. No entanto, mesmo com toda a sua gentileza, eu estava cansado de comer macarrão, faminto por qualquer outra coisa. Foi quando tive uma ideia: lembrei-me de um velho amigo na Suécia com quem não falava desde que saíra de lá. Liguei para ele. Comecei a implorar para que me ajudasse, no intuito de conseguir um quarto barato em algum lugar. Ele me escutou e, quando terminei minha história, disse-me que não poderia me ajudar com dinheiro, mas que me enviaria um livro por *e-mail* que me auxiliaria bastante. Uau!

Ali estava eu, desabrigado e sem nada, e ele me oferecendo um livro! Como um livro poderia me ajudar? Eu precisava de dinheiro para conseguir comida e um quarto. Um livro! Não podia acreditar. Mas também estava envergonhado, então o agradeci pelo envio do livro.

Desliguei, irritado e chateado por sua única oferta ter sido o envio de um livro. Depois de algumas horas percebi que o livro poderia ser um passatempo para minhas noites entediantes sentado na praia. Talvez o livro pudesse me ajudar a me concentrar em alguma outra coisa além da ideia de que a vida estava sendo cruel comigo. Imprimi o livro em uma *lan house* e comecei a lê-lo naquela mesma noite.

Para aqueles que já leram O Segredo ou já ouviram falar dele, devem estar achando que tive uma epifania ali mesmo na praia, que o livro foi a chave que mudou minha vida, mas não foi. Minha primeira reação a ele foi: irreal. Que lixo. Estava com tanta raiva do meu amigo que acabei descontando no livro.

Pense positivo.

Visualize, e você receberá.

Mas que grande besteira!

Decidi provar que as teorias do livro O Segredo estavam erradas. Seguiria as orientações do livro à risca e provaria que não funcionavam.

Comecei a visualizar coisas pequenas, porque não acreditei que funcionaria e me pareceu mais fácil seguir as orientações usando coisas pouco ambiciosas. Uma xícara de café. Sentei-me em minha toalha na praia e decidi me concentrar com os olhos fechados, pensando profundamente em como seria bom ganhar de alguém uma deliciosa xícara de café bem quente. Nas primeiras tentativas me senti idiota, mas, sem nada mais para fazer naquela praia, continuei tentando. Depois de mais algumas tentativas, comecei a ver a xícara de café com mais clareza em minha mente. Consegui ver o vapor saindo da xícara; pude sentir o aroma do café. Dois dias depois, enquanto estava sentado na praia, um dos garotos que cuidava dos *jet skis* veio até mim e disse:

— Vejo você aqui todos os dias sentado, então pensei em lhe oferecer um café. Você parece exausto.

Não pude acreditar! Não apenas se manifestara o que eu havia focalizado em minha mente, mas foi a melhor xícara de café que tomei em muito tempo.

Ainda cético, mas curioso, decidi mentalizar um almoço. Não comia nada além de macarrão instantâneo em semanas, e um bom almoço seria como ganhar na loteria. Quando fechei os olhos e comecei o exercício de visualização, continuei me sentindo um idiota. As primeiras tentativas foram esquisitas, mas, com a memória do café vívida, continuei tentando até conseguir me imaginar comendo uma bela refeição.

Alguns dias depois, encontrei um antigo colega de trabalho do hotel.

— Oi, Andres — ele disse. — Já faz algum tempo que não o vejo. Como você está? Deixe-me pagar um almoço para você!

Estava funcionando mesmo, ou era apenas coincidência? Apesar das duas primeiras visualizações terem se concretizado, eu ainda não estava totalmente convencido e decidi pagar para ver. Desta vez visualizaria algo maior e mais complexo: conseguir um bom emprego! Comecei a visualizar como seria ter um emprego que me pagasse o bastante para poder alugar um quarto para dormir, tomar banho todos os dias, comprar roupas novas e ter uma vida digna – uma vida que deixaria meus pais orgulhosos de mim.

Visualizar com emoção

Visualizei imagens vívidas do novo emprego e criei filmes na minha mente sobre como ele seria, mas foi só bem mais tarde que percebi que qualquer visualização criativa precisa ter o apoio de fortes emoções positivas. É aí que o verdadeiro magnetismo e atração acontecem. Dei sorte de estar fazendo isso no início sem querer.

Claro, não me limitei a me sentar e esperar na praia, feliz com a possibilidade de um novo emprego; tive de agir. Passei dois dias perguntando por toda a cidade sobre vagas de emprego. No segundo dia, consegui uma vaga de assistente de marketing, para entregar panfletos de uma imobiliária a turistas. Depois de algumas semanas, em vez de alugar um quarto, pude arcar com o valor de uma bela casinha com um jardim nos fundos.

Desejava ler muitos outros livros, e preenchi meu tempo livre com leituras sobre o poder da mente. Usando a xícara de café, o almoço e o novo emprego como provas de que eu poderia ter controle sobre minha vida, comecei a implementar vários outros conceitos dos livros que lia. Tinha agora o controle de minha vida porque pensava de modo diferente, ou antes não tinha nenhum controle sobre ela por não pensar de maneira diferente?

A resposta é menos importante que o simples ato de pensar diferente. Com meu novo entusiasmo pela vida, comecei a lançar mão de afirmações positivas diárias após aprender sobre o poder da autossugestão no livro *Pense e Enriqueça*, de Napoleon Hill. Aprendi a programar meu subconsciente para conseguir aquilo que desejava alcançar ou vivenciar durante as sessões de meditação, informações que reuni em livros de outras pessoas como Tony Robbins e Jack Canfield. Comecei também a escrever minhas metas diárias e espalhar os papéis por toda a casa e escritório.

As coisas começaram a acontecer na minha vida cada vez mais rápido conforme aprimorava criativamente as técnicas de visualização, acalmando minha mente e escrevendo minhas metas diárias. Minha vida mudou por causa da transformação de minha rotina matinal, quando me sentava no jardim dos fundos da casa, visualizando todos os objetivos e acontecimentos que queria materializar. No caminho para o trabalho, repetia as afirmações em voz alta. Sentava-me no meu carro e gritava:

– Eu sou o melhor vendedor da Tailândia! Todo mundo que me conhece ama comprar coisas de mim! Eu crio minha realidade! Eu sou o mestre das vendas! Eu sou uma pessoa de sucesso! Eu sou uma pessoa feliz e caridosa! Estou no processo de me tornar rico!

Finalmente senti que estava no controle de minha vida, e isso me motivou a seguir em frente, tomando cada vez mais e mais ações.

Os sentimentos presentes nas suas visualizações, sejam eles referentes a pessoas, lugares ou coisas, são o ingrediente mais poderoso para a criação efetiva da sua realidade.

O poder do "eu sou"

Uma das coisas que adicionei ao conhecimento que aprendi com todos esses livros e seminários ao longo de dezesseis anos foi o poder do *eu sou*. Colocar as palavras "eu sou" na frente de qualquer afirmação lhe imprime mais força, desde que esteja falando com sua alma, que se conecta com o subconsciente e, assim, com os pensamentos conscientes. Foi por meio desse processo de autossugestão que consegui reinventar minha vida.

Tenho afixado nas paredes do quarto e da sala um roteiro que repito todos os dias e que meu subconsciente é capaz de visualizar, tomando conhecimento dele ao longo do dia.

Nele estão escritas as seguintes afirmações:

EU SOU íntegro.

Eu SOU saudável.

Eu SOU feliz.

EU SOU rico.

Eu SOU caridoso.

Quando estou trabalhando em um grande projeto da empresa, repito esses cinco pontos de foco mais de cem vezes por dia. Embora isso possa parecer bobagem ou perda de tempo, considere que, se você pode controlar sua mente, pode controlar sua vida. Sua mente é, em grande parte, uma máquina subconsciente em que é considerado tudo o que você faz sem nenhum pensamento consciente, como respirar. Ao focar os pensamentos, você força sua mente a se reprogramar.

A mente consciente é superprotetora em relação ao que ela deixa entrar em seu supercomputador: a mente subconsciente. Ela funciona como um segurança 24 horas por dia, garantindo que não entre nada desnecessário.

As afirmações diárias são muito importantes para manter a boa disposição e o subconsciente programado com os pensamentos e comportamentos necessários para atingir seus desejos mais profundos. Adicionar *eu sou* às minhas afirmações diárias fez toda a diferença.

Os cinco principais pontos do foco "eu sou"

Existem infinitas possibilidades em relação a quais afirmações devem merecer mais foco. Descobri que, limitando-as a cinco pontos específicos, posso intensificar meu foco e obter resultados mais rápidos e significativos.

EU SOU íntegro: escolhi "EU SOU íntegro" pois sou profundamente grato por ser uma pessoa completa e sem limitações, e espero continuar assim. Algumas pessoas têm problemas físicos. Outras lutam contra depressão, ansiedade ou falta de autoconfiança. Lembro-me de minha batalha contra a depressão, a paranoia e a ansiedade; não me sentia íntegro naquela época. Mas agora sou totalmente íntegro e escolhi ser consciente e grato por isso. Também por reconhecê-lo, não me sobram muitos motivos para reclamar ou dar desculpas, e tenho o dever de ajudar aqueles que precisam.

EU SOU saudável: essa é outra afirmação que tem um significado poderoso, uma vez que nada neste mundo pode ser prazeroso se você está doente. Exercitar-se e seguir uma dieta nutritiva é essencial para ser saudável, então, este é um dos principais focos de minha vida. Descobri que quando estou focado em minha saúde fica mais fácil me concentrar em outros objetivos para alcançar o sucesso.

EU SOU feliz: "EU SOU feliz" é uma peça fundamental para meu sucesso e minhas conquistas. Devemos sempre programar nossa mente para ter uma perspectiva feliz e positiva a fim de aproveitarmos ao máximo o que fazemos e temos na vida. Focar na felicidade nos torna mais produtivos, gratos e abertos a novas experiências.

EU SOU rico: "EU SOU rico", como afirmei antes, tem relação com o fato de precisarmos primeiro criar o que queremos na mente, antes que as coisas possam se manifestar no mundo físico. Sua mente precisa aceitar o conceito de riqueza, livre de crenças limitantes e dúvidas. Só podemos tornar nosso pensamento real por meio da repetição constante, até que o subconsciente o tome como uma verdade, sem restrições. Nosso mundo possui grande quantidade de riqueza, e qualquer um pode ter parte dessa abundância com o devido estado de espírito para recebê-la.

EU SOU caridoso: essa sempre foi uma afirmação significativa para mim. Não há sentimento mais impactante do que o proveniente de ajudar os que precisam sem esperar nada em troca. Você não precisa conhecer alguém para ajudá-lo, e existem pessoas carentes em todo lugar – você só precisa se esforçar um pouco para encontrá-las.

Escolhi essas cinco afirmações porque representam o que é mais importante para mim, sendo as características que desejo cultivar ao longo de toda a minha vida. Quais serão suas cinco afirmações?

Mantive-me motivado usando esse método e sempre programando minha mente, minha alma e meu sistema de crenças ao repetir essas afirmações, transformando essa prática em hábito e rotina. Claro, tive meus altos e baixos e, às vezes, semanas se passam sem que eu pratique as afirmações, mas, com gentileza, conduzo-me à retomada dessa prática.

Meditação e visualização

Quando meus funcionários passam por alguma dificuldade ou percebo uma redução na produtividade mensal, pergunto a eles se traçaram novas metas para si ou se leram as metas traçadas para aquele mês. Indago também se estão lendo algum livro, e, se a resposta for positiva, pergunto qual é o título. Por fim, indago sobre quando repetiram a si próprios suas afirmações diárias. Em geral, ao serem questionados, eles se dão conta de que saíram da rotina, o que é suficiente para reiniciarem as práticas de sucesso.

Uma maneira de me certificar da repetição de minhas afirmações diárias é colocar um lembrete físico das visualizações durante as meditações. Quando comecei a vender imóveis e queria fechar uma venda, escrevia um ou dois recados na mão. Por exemplo, toda vez que estava no carro a caminho da imobiliária, olhava para minhas mãos no volante e via o lembrete "mv", que significa "melhor vendedor". Então repetia a mim mesmo:

– Sou o melhor vendedor de Phuket.

Ou, quando quis comprar um carro novo, um Toyota Vios, escrevi "tv" na mão, de modo que toda vez que visse a anotação eu pudesse repetir a mim mesmo:

– Estou dirigindo um Toyota Vios.

Se alguém perguntasse sobre a anotação na minha mão, eu dizia que era de um compromisso que precisava lembrar. Sendo assim, não importa onde esteja, certifique-se de ter dicas simples para lembrá-lo de suas afirmações e se autoprogramar com pensamentos positivos.

Princípio 4
TEMPO PARA REFLETIR: FAÇA DELE PRIORIDADE

Esteja sozinho; esse é o segredo da invenção, estar sozinho; é quando as ideias nascem.
– Nikola Tesla

Meu primeiro negócio foi uma imobiliária que abri logo depois de renunciar ao cargo de diretor de vendas da agência imobiliária onde havia começado. Nos primeiros anos, economizei o bastante para abrir minha pequena imobiliária. Havia me tornado um empresário independente. Minha confiança estava nas alturas. Porém, enquanto na minha cabeça eu estava no caminho certo para alcançar um sucesso inacreditável no setor imobiliário, ainda tinha muito a aprender sobre como administrar um negócio.

Depois de alguns bons meses administrando a imobiliária, comecei a passar por dificuldades. Tinha poucos clientes e a receita das vendas havia diminuído. Precisava pagar impostos e o aluguel, além dos fornecedores do material promocional e o salário de dois funcionários. Comecei a pedir dinheiro emprestado para pagar as contas. Esse foi o início de mais uma espiral descendente.

Minha pior "falha" nos negócios

Não estava ganhando o suficiente. Minhas dívidas se acumulavam. O aluguel do escritório estava com dois meses de atraso. Não conseguia pagar meus dois funcionários. Para piorar a situação, recebi uma ligação do proprietário do edifício me dizendo para arrumar as coisas e sair, porque meu espaço comercial seria alugado para outra pessoa.

Tive de declarar falência ao banco.

Precisaria encarar meus funcionários e lhes contar que fecharia a imobiliária e que não poderia pagar o salário deles. Esses funcionários confiavam em mim. Acreditavam em mim. Tinham me apoiado, e a família precisava deles. Precisei enfrentar um dos piores momentos de minha vida.

Minha imobiliária realmente faliu. Passei a me perguntar: "Por que isso aconteceu? Onde foi que eu errei? Como isso pôde acontecer? Quais circunstâncias me levaram a isso; o que poderia ter feito para melhorar a situação?".

Aprendendo com os erros

Meu primeiro erro foi alugar um local em uma parte remota da cidade, que nenhum cliente ou comprador visitaria. Aluguei aquele escritório por causa de seu amplo espaço e baixo valor. Em princípio, pensei em alugar um espaço grande, assim poderia ocupá-lo com mais funcionários e computadores, e impressionar os clientes que aparecessem. Logo descobri (uma de minhas falhas) que deveria ter focado nos clientes e compradores antes de começar a expandir. Marketing deve sempre vir em primeiro lugar; o escritório para impressionar deveria ter ficado em segundo plano. Sem clientes, não há vendas. Sem vendas, não há receita. Sem receita, não há nada quando se trata de negócios.

Escrevi tudo o que havia dado errado, especificando como isso tinha acontecido. Minha primeira constatação: eu tinha parado de criar meus objetivos. Sem que me desse conta, ao abrir meu primeiro negócio, deixara de lado meu hábito diário de repetir as afirmações, fazer visualizações e meditar. Havia parado de ler livros de autodesenvolvimento e de ouvir áudios e outros conteúdos motivacionais. Fiquei encarcerado na prisão mental da preocupação, aflito pelas coisas que não queria que acontecessem de novo em minha vida. Havia me concentrado na tristeza e na escassez em vez de na felicidade e na fartura.

Naquela noite peguei minha caneta e comecei a escrever todos os meus objetivos e desejos, do menor ao maior. Quando terminei, percebi que não exercitava a visualização havia quase um ano. Teria esse fato causado tamanho impacto em minha vida?

Fui até o quintal de minha casa. Lá estava minha velha cadeira, exatamente onde a tinha deixado mais de um ano atrás, deteriorada pelo sol e pela chuva. Percebi que, assim como a velha cadeira, eu também estava desgastado e cansado de negligenciar todas as coisas que haviam me trazido tamanha felicidade. Comecei a meditar novamente, e depois de apenas uma sessão sentia-me mais calmo e com muito mais clareza sobre o que queria ser, fazer e ter na vida. Escrevi minhas afirmações e passei a recitar frases de autossugestão repletas de positividade. Minhas paredes voltaram a ficar cobertas de folhas A4 com poderosas afirmações. Imagens do que eu desejava passaram a ocupar o ambiente e também a porta da geladeira, para que eu as visualizasse sempre. Mais uma vez, criei a mentalidade da abundância.

Não tinha escritório nem funcionários, mas ainda mantinha meu estande de vendas em um espaço de seis metros quadrados no *shopping* local. Começava todas as manhãs no jardim pensando em como seria ótimo estar com clientes satisfeitos, que adoravam fechar compras de imóvel comigo. Minhas intensas meditações matinais me preenchiam com uma nova paixão recém-redescoberta. Dois meses antes do vencimento do próximo pagamento de minha casa, comecei a fechar vendas e a aumentar meu faturamento de novo.

Não demorou muito para que eu tivesse uma sólida carteira de clientes e investidores que me incentivaram a desenvolver um projeto de condomínio. Eu tinha ganhado a confiança e o respeito deles após investir em projetos imobiliários de alto rendimento. Foi natural aceitar a ideia, pois tinha visualizado o objetivo de me tornar um incorporador de imóveis há algum tempo!

A crise adentra nossa vida porque perdemos o foco e a autoconfiança. Ao lidar com uma emergência, costumamos procurar a confirmação externa de que tudo ficará bem. Olhamos para fora em vez de para dentro, o que só aumenta ainda mais o estresse e a ansiedade. Uma crise nos distancia das coisas que desejamos e nos faz perder a confiança em nossa capacidade de obtê-las.

Tempo para pensar

Amo a natureza. Adoro escalar montanhas, ficar dias longe da civilização, incapaz de verificar *e-mails* ou fazer uma ligação. Reconhecer que o mundo pode ficar sem você por vários dias é o primeiro passo para se desconectar e voltar o olhar para seu interior. É assim que recarrego minhas energias e minha motivação, aprendendo a amar a vida cada vez mais. Acredito que a conexão com a natureza seja essencial para nosso espírito. Vivemos desconectados da energia da Terra neste mundo moderno, o que nos fez perder parte de nossa espiritualidade. Viemos da natureza, fazemos parte dela e, quando passamos algum tempo em contato com ela, sentimos conforto e felicidade. A natureza por si só conversa conosco quando prestamos atenção e permanecemos no presente. É nela que encontro tempo para pensar.

Passar algum tempo sozinho não significa que você deva ser solitário. Significa apenas que vai estar focado em si mesmo, a pessoa que lhe deveria ser a mais importante no mundo. É fundamental ter as pessoas que você ama por perto, mas jamais colocá-las antes de si próprio, a ponto de transformar sua existência em uma experiência miserável. Muito pelo contrário, é preciso tirar um tempo só para si todos os dias. Você pode utilizar seu tempo para meditar, dar um passeio, sair para comprar alguma coisa de que gosta ou trabalhar em sua lista de objetivos e sonhos. Não importa o que fazer neste seu tempo, certifique-se de que a atividade o beneficie de alguma forma, seja para acalmar a mente, relaxar o corpo ou ajudá-lo a se concentrar no que quer realizar em seguida. Deve ser um tempo em que o medo e a preocupação sejam deixados de lado, fazendo-o se sentir recarregado e pronto para voltar ao que quer que precise fazer para alcançar seus sonhos.

Tempo de reação

Uma das principais coisas que aprendi nos negócios é que, perante uma crise, nosso instinto é de lutar ou fugir, assim como ocorre na natureza. Se um negócio não está indo bem, logo nos perguntamos: "Devo lutar para vencer, ou devo abandonar tudo?". Quando você se depara com uma queda nas vendas, um funcionário encrenqueiro, concorrentes que tentam roubar um filão dos seus negócios, questões fiscais ou problemas de financiamento, é comum deixar de pensar nas soluções para se concentrar na reação de lutar ou fugir. Quando se está no modo de luta ou fuga, ter tempo para pensar e ficar sozinho é bastante desafiador. Como passei muitos anos nesse modo reativo, tornei-me um estudioso em como evitar esse estado – e como relaxar.

O fundador do Instituto Mente/Corpo da Faculdade de Medicina de Harvard, dr. Herbert Benson, cunhou a expressão "resposta de relaxamento". A resposta define a capacidade pessoal de incentivar o corpo a liberar substâncias químicas e sinais cerebrais que desaceleram os músculos e órgãos, aumentando o fluxo sanguíneo para o cérebro. É basicamente a reação oposta ao modo de luta ou fuga. A resposta de relaxamento é uma forma de relaxamento profundo que afeta e ativa o sistema nervoso parassimpático, podendo ser praticada por meio de atividades como visualização, meditação, recitação de afirmações, técnicas de respiração e yoga.

Seus estudos ao longo das décadas de 1960 e 1970 indicaram que a secreção normal de hormônios do estresse contribui para o surgimento de doenças cardiovasculares, gastrointestinais e fadiga adrenal. A pesquisa também demonstrou que o uso regular da resposta de relaxamento pode ajudar a aliviar problemas de saúde relacionados ao estresse, entre eles, insônia e hipertensão.[6]

Estar sozinho é uma maneira de autocuidado

Encontrar tempo para estar consigo mesmo ajuda na prática do autocuidado, sendo uma excelente ocasião para focar em si e no que você deseja alcançar na vida. Quando você pode se amar por completo, pode também amar genuinamente outra pessoa. Passar

---
6   Marilyn Mitchell, "Dr. Herbert Benson's Relaxation Response" ["Resposta de relaxamento do dr. Herbert Benson"], *Psychology Today*, 29 de março de 2013. Disponível em: https://www.psychologytoday.com/us/blog/heart-and-soul-healing/201303/dr-herbert-benson-s--relaxaton-response. Acesso em: 20 nov. 2020.

algum tempo sozinho não significa ser egoísta, apenas diz respeito à sua dedicação, tanto a si mesmo quanto àqueles que ama. Você está se tornando a melhor versão de si ao dedicar o máximo de tempo possível para fazer coisas que lhe tragam paz e amor. Você é seu maior fã e a pessoa que mais pode motivá-lo. É importante cuidar de você em primeiro lugar para que se sinta completo.

As maiores descobertas são feitas quando estamos sozinhos.

Princípio 5
COMEMORAR VITÓRIAS É VICIANTE

Colegas devem cuidar uns dos outros, se divertir, comemorar o sucesso, aprender com as falhas, procurar razões para louvar e não criticar, comunicar-se livremente, e respeitar uns aos outros.
– Richard Branson

Antes de chegar à Tailândia, recordo-me basicamente da escuridão. Tentei deixar de lado a minha vida de gangue para começar em um emprego que deveria ter me colocado no caminho certo. Abandonei o conforto das ruas que eu conhecia, a camaradagem, a sensação de fazer parte de alguma coisa – mesmo que fosse a coisa errada. Nas ruas, quando ganhava uma briga, minha gangue ficava animada por mim. Eu sentia o impacto que tinha nas ruas, e aquilo refletia em mim como vibrações positivas, sendo essa uma das razões pela qual fui leal à minha gangue por tanto tempo, mesmo que isso quase tenha me matado.

Em Estocolmo, sentado à minha mesa na empresa de telemarketing, cercado de pessoas o dia todo, sentia-me sozinho e sem valor. Quando fechava uma venda, sempre havia alguém que recebia mais elogios por fechar uma venda mais significativa. O bônus era para os principais vendedores, e o restante nunca era reconhecido. Naquela empresa, os melhores recebiam todos os elogios, e os piores eram convidados a sair, enquanto os que estavam no grupo intermediário tornavam-se invisíveis.

Comentei que odiava tanto aquele trabalho no telemarketing que, depois de me atrasar tantas vezes, fui demitido e cheguei a um quadro de paranoia, olhando constantemente pelo olho mágico do meu apartamento. Seria esse emprego o responsável pela minha ansiedade, depressão e falta de motivação? Não, afinal, a responsabilidade por esses problemas era sobretudo minha. No entanto, seria o trabalho o responsável por eu me sentir invisível, sem importância e substituível?

Com dezenove empresas e centenas de funcionários em diferentes tipos de negócio, de imóveis a academias e cafés, vivenciei um grande sucesso, grande parte dele consistindo em formar equipes que sejam vistas, ouvidas e se sintam insubstituíveis.

Naquele escritório de telemarketing, a premiação era individual: para o empregado do mês ou o empregado com melhores vendas. Esse sistema de recompensa sempre me pareceu desmotivador. Os gerentes valorizavam apenas os funcionários que se destacavam. Não havia premiação nem reconhecimento para as equipes ou os funcionários que davam apoio aos principais vendedores. Vi bons funcionários se demitindo, e muitos, como eu, ficarem isolados e apresentarem resultados aquém de sua capacidade. A única coisa que aprendi naquele emprego foi que as equipes são importantes; que as pessoas merecem reconhecimento.

Para cada vitória deve haver uma comemoração. Ter tempo para reconhecer o sucesso vai prontamente aumentar a positividade e eliminar a negatividade. Talvez você não queira dar uma festa a cada conquista, mas ao menos reconheça seu sucesso, parabenize-se e sinta-se feliz.

Na minha adolescência e nos primeiros anos em Phuket, levei as comemorações a um outro patamar. Quando era jovem, toda noite era uma festa de celebração da vida, porque ninguém sabia o que iria acontecer no dia seguinte. Todo o meu dinheiro era para comprar bebidas alcoólicas e me divertir com os amigos. Depois de me mudar para a Tailândia e conseguir meu primeiro emprego no hotel, como entregador de material promocional, pegava o pouco que recebia para continuar a celebrar a vida com colegas de trabalho que tinham a mesma perspectiva de vida que eu. De vez em quando, comemorar com os amigos ou mesmo com colegas de trabalho é uma ótima ideia, mas você não deve fazer disso um hábito diário nem seu principal objetivo de vida.

Pequenos erros quase sempre nos fazem sentir mal. Portanto, ao conquistarmos objetivos modestos, devemos nos sentir bem!

Comemore seu sucesso com os outros

Demostre entusiasmo – sempre. Tudo isso é mais importante e mais divertido do que você imagina. Não se leve tão a sério. Relaxe um pouco e todos ao seu redor também ficarão mais relaxados. Divirta-se.

Crie um excelente ambiente de trabalho em equipe ao organizar saídas comemorativas com os funcionários. Sempre que minha equipe de vendas quebra um recorde ou atinge as metas, nós celebramos. Planejamos as saídas para comemorar e desfrutamos das vitórias e do trabalho em equipe. Cultivamos o sentimento de realização entre todos os membros, e eles percebem que é muito mais divertido e produtivo comemorar o sucesso com os outros em vez de fazê-lo sozinho. Peço sempre aos funcionários que comemorem e fiquem felizes quando souberem das realizações dos outros... mesmo que se vejam como rivais.

Em 2016, eu e minha equipe de vendas quebramos um recorde de vendas duradouro que vínhamos tentando quebrar há quase dois anos, e, após essa conquista, convidei toda a equipe de vendas para subir até o topo de um dos mais altos vulcões ativos do Sudeste Asiático. Nosso espírito se encheu de alegria, alívio e felicidade. Depois de quatro dias juntos, ficamos ainda mais unidos. Compartilhamos barracas, ficamos sentados em volta da fogueira e compartilhamos algumas histórias pessoais. Os membros da equipe ficaram mais atenciosos e prestativos uns com os outros, e eles vêm superando todos os recordes de faturamento.

Comemore as coisas do dia a dia

Reserve um tempo para comemorar as pequenas coisas do dia a dia; procure também pequenas coisas para agradecer. Celebre uma refeição caseira, um dia de trabalho bem-sucedido ou, talvez, um novo relacionamento comercial conquistado. As comemorações não devem se dar apenas quando seu negócio tiver um enorme progresso ou venda. Celebre também pequenas coisas, como o aniversário ou o casamento dos funcionários. Conheça quem trabalha para você. Não basta celebrar o sucesso da empresa; é preciso comemorar o sucesso individual na vida de todos eles.

Você pode comemorar de maneira singela ou grandiosa. Pode apenas meditar e refletir sobre o que conseguiu realizar ou pode ir a um *show* e celebrar a vida dançando. Aproveite o tempo para comemorar com outras pessoas e potencializar o sentimento de alegria e realização. Ao incluir outras pessoas nessa celebração, contudo, você deve levar em consideração a experiência emocional delas e planejar algo que todos vão aproveitar.

Faça do progresso um vício

Teresa Amabile, professora da Harvard Business School, liderou um estudo que analisou 12 mil anotações diárias de 238 funcionários em sete empresas.[7] As descobertas foram impressionantes.

A motivação dos trabalhadores aumentou quando anotaram suas conquistas diárias em um diário. A prática de registrar nosso progresso, explica Amabile, ajuda-nos a apreciar as pequenas vitórias, que, por sua vez, aumentam nossa confiança.

A confiança é a chave para alcançar o sucesso em um futuro próximo.

Essa pesquisa, bem como um artigo de Patrik Edblad, mostraram-me que mesmo o mínimo reconhecimento de alguma conquista estimula o centro de recompensa do cérebro. O cérebro libera então o que chamo de "hormônios da felicidade", basicamente substâncias químicas que nos dão um senso de realização e de orgulho.[8]

Um desses hormônios, o neurotransmissor dopamina, é a substância química que nos dá o doce sentimento de recompensa, mas que também nos faz buscar mais uma vez aquilo que estimulou sua liberação inicialmente.

Fiquei surpreso ao descobrir que essa é a mesma substância que deixa as pessoas viciadas em jogos, nicotina e álcool, ou seja, que cria o vício por "mais uma vez". Vindo das ruas como eu vim, esse conceito de vício por "mais uma vez" fez total sentido para mim.

---

[7] Teresa Amabile e Steven J. Kramer, "The Power of Small Wins" ["O poder das pequenas vitórias"], *Harvard Business Review*, maio de 2011.
[8] Patrik Edblad, "How to Stay Motivated: The Art and Science of Levering Small Wins" ["Como se manter motivado: a arte e a ciência de alavancar pequenas vitórias"], *Productive!*, nº 21. Disponível em: http://productivemag.com/21/how-to-stay-motivated-the-art-science-of-leveraging-small-wins. Acesso em: 28 set. 2020.

Princípio 6
A LEI DA DOAÇÃO VIBRACIONAL

―∞―

Se você soubesse o que sei sobre o poder da doação, não teria uma única refeição sequer sem querer compartilhá-la.
– Sidarta Gautama

Grande parte das pessoas sabe que o ato de doar pode levar ao ato de receber. Mestres do sucesso como John Grey, Jack Canfield e Tony Robbins falam sobre a Lei da Atração no que diz respeito a doar: o que ofertamos volta para nós dez vezes maior. Mesmo acreditando no princípio de que o universo retorna para você dez vezes o que você oferta a ele, na minha opinião, a maioria das pessoas tem doado da maneira errada. O ato de doar é tão simples quanto dar dinheiro a alguém que precisa dele, embora com senso espiritual de dever ou responsabilidade. Acredito que o ato de doar deva ser feito em forma de "doação vibracional". Qual é a diferença?

Doação tradicional: a maioria das pessoas faz suas doações por meio do dízimo. Essa é a maneira mais comum de se doar 10% da renda a uma organização religiosa. A maioria das religiões nos ensina a doar 10% do dinheiro que ganhamos como forma de "retribuição" a Deus. Embora isso tenha funcionado por séculos, e eu não tenha nada contra, não é assim que faço minhas doações.

O dr. Joe Vitale diz às pessoas para doarem 10% de sua renda para onde quer que recebam orientação espiritual para fazê-lo, seja a um motorista de Uber, um garçom, alguém que lhe tenha dito palavras encorajadoras em uma loja, ou mesmo para uma instituição. Gosto dessa ideia, porque abre possibilidades para se doar a outras pessoas, sem que nos limitemos a uma igreja.

Doação baseada em deveres ou responsabilidade: quando doamos dinheiro (e talvez tempo) a uma instituição de caridade, grupos de ação ou organizações não governamentais, como Criança Esperança, Fundação Abrinq ou Cruz Vermelha, fazemos isso por um senso de responsabilidade ou dever. Sentimo-nos obrigados a apoiar uma causa com a qual nos identificamos de algum modo.

Mais uma vez: não é assim que acredito que devemos praticar a doação.

Doação vibracional: descobri uma maneira específica de doar que me fez ficar bilionário antes dos 35 anos de idade. Concentro-me na emoção que sinto enquanto faço a doação. O sentimento ligado à doação é muito mais importante do que a maioria das pessoas pode imaginar. Se sentir raiva enquanto faz alguma coisa, estará criando um "campo de atração" para posteriormente vivenciar raiva. Se sentir amor ao fazer algo, estará envolvido por um princípio que vai atrair amor para você. O problema é que as pessoas costumam doar dinheiro e depois limitam-se a esperar dinheiro em troca. Apesar de funcionar, esse processo é limitado. O universo pode ter algo melhor para você do que dinheiro. Aprendi que a "doação vibracional" é o verdadeiro segredo do ato de doar.

Dê, e o universo retornará dez vezes mais para você.

Doar sem expectativas

Certa vez fiz uma viagem de catorze dias pela Índia com meu amigo David (em um riquexó, gostaria de ressaltar) a fim de arrecadar fundos para a Cool Earth, uma instituição de caridade que compra áreas de florestas tropicais na América do Sul a fim de preservá-las e garantir que nunca sejam devastadas. Seguimos por todo o norte da Índia, por cidades e vilas extremamente pobres, onde grande parte dos habitantes locais nunca tinha visto um turista. Éramos uma visão estranha, por assim dizer: um inglês branco e careca (David) e um cara com aparência latina (eu) andando pela cidade em um riquexó motorizado que quebrava constantemente, causando-

-nos sempre perplexidade quanto a seu conserto. No entanto, sempre que precisávamos, e em pouquíssimo tempo, aparecia um grupo de pessoas da cidade para dar uma "olhada" no veículo, resolvendo o problema com rapidez. Sempre que recebíamos ajuda, pegávamos a carteira para lhes dar uma gorjeta pela ajuda, embora eles sempre recusassem. Os indianos são um dos povos mais amigáveis e generosos que já conheci. Eles reforçaram para mim o conceito da lei de doação vibracional.

Dê emoção, receba emoção

Quando desejo um bom-dia a alguém, faço-o empregando um genuíno sentimento para que a pessoa tenha realmente um bom dia. A maioria das pessoas diz: "Tenha um bom dia" sem nenhum sentimento. É automático. Sem vida. O sentimento que coloco no bom-dia é o amor. Trata-se de um gesto intencional. Como resultado de minha ação, o que espero receber em troca é o sentimento de amor. E posso recebê-lo de volta como uma ótima notícia de um projeto, um cheque que caiu na minha conta, uma ideia brilhante, um novo contato para fechar um negócio ou de qualquer outra maneira. Mas, se doo amor, o que recebo em retorno é amor.

Quando você doa dinheiro e fica entusiasmado, vai receber de volta algo carregado de entusiasmo. Pode voltar para você na forma de dinheiro, mas pode ser qualquer outra coisa. Você doou com determinada emoção, então vai receber a mesma emoção dez vezes maior.

Vou contar a história de como ganhei meu primeiro milhão de dólares com esse método.

Na Tailândia, no seu aniversário, você não recebe presentes; você dá presentes. Dar presentes de aniversário em vez de recebê-los foi um conceito totalmente novo para mim, mas comecei a colocá-lo em prática.

No meu aniversário, há muitos anos, visitei um orfanato na Tailândia que abrigava muitas crianças com HIV. O orfanato não tinha apoio do governo e lutava para não fechar. Eu queria oferecer uma ajuda maior que as sacolas repletas de brinquedos que eu havia levado. Concordei em pagar a pintura do prédio e de todos os quartos. Não recebi nada pelo serviço; fiz porque me senti bem sabendo que ajudava.

Mesmo visualizando meu primeiro milhão, não sabia como iria recebê-lo. Quando estava no orfanato, não achei que gastar meu dinheiro lá me traria US$ 1 milhão. Tudo o que eu sabia era que aquelas crianças precisavam de ajuda e ajudar me faria sentir bem.

Investi cerca de US$ 80 mil na contratação de pessoas para reconstruir e pintar o orfanato. Embora isso representasse cerca de um quarto do meu salário mensal na época, gastá-lo não me deixou tenso nem preocupado; pelo contrário, me provocou bem-estar. Tampouco minha ação foi calculada; não ofereci meu dinheiro esperando retorno.

Fiz algo que me fez bem, e achava que algo de bom pudesse acontecer, mas dinheiro não era o foco. Apenas reconheci e reforcei minhas emoções.

Como resultado, depois de algumas semanas, enfim, fechei um acordo que estava em andamento. Vendi uma propriedade de alto valor cuja comissão sobre a venda foi de mais de US$ 1 milhão; na realidade, foi de US$ 1 milhão e US$ 80 mil – não só havia ganhado meu primeiro milhão, mas também recuperara meu investimento nesse retorno do universo.

O sentimento de ajudar o orfanato (um bom sentimento) voltou para mim potencializado (um sentimento fantástico). Fiz uma cópia daquele cheque e o coloquei em uma moldura; costumo olhar para ele todos os dias. Seria coincidência? Se tivesse acontecido comigo apenas essa única vez, até poderia pensar que sim. Mas já assisti a várias outras coisas grandiosas acontecerem em minha vida como resultado da doação vibracional. A prática da doação vibracional funciona para mim e também vai funcionar para você. Madre Teresa acertou quando disse: "Não se trata de quanto fazemos, mas, sim, da quantidade de amor que empregamos ao fazê-lo. Não se trata de quanto ofertamos, mas, sim, de quanto amor depositamos nessa ação".

Dê primeiro o que quer receber de volta

Obtive sucesso e fiquei rico quando comecei a aplicar a mentalidade da doação vibracional. Sempre que vejo um pedinte na rua, pego a maior nota da minha carteira e lhe dou. O sorriso, a surpresa e a reação emocional me trazem uma grande sensação de alegria e gratidão. Gosto de dar mais do que esperam e sem nenhuma expectativa de como o beneficiário vai usar o que recebeu. Se dou meu dinheiro a alguém que precisa e quero que ele use o dinheiro de determinada maneira, isso não é doação vibracional. Se estou dando meu dinheiro porque sei como ele ficará alegre e feliz, aí sim estou praticando a doação vibracional.

É por isso que a Lei da Atração funciona para algumas pessoas e não para outras. Trata-se de reconhecer a emoção implícita em suas ações.

Se você busca dinheiro, primeiro ajude outras pessoas a ganhar dinheiro. Se deseja ser feliz, ajude os outros a encontrar coisas que os deixem felizes. Se quer um relacionamento, tenha certeza de ser também um bom amigo, ouvinte e companheiro. Isso nunca falha. Você precisa aprender a ler os sinais, as indicações e a ter intuição para perceber quando esses momentos retornarem até você. A lei da doação vibracional é o cerne para atrair riqueza e criar oportunidades ilimitadas para sua vida.

Doar com a intenção certa e o budismo

A importância de doar com emoção positiva é uma das práticas centrais do budismo. Buda ensinou que mais importante do que o presente dado é a intenção e o estado de espírito que acompanham o presente. Os benefícios kármicos se amplificam depois que você dá alguma coisa de maneira pura. Um presente puro é aquele entregue à pessoa na circunstância e no tempo adequados, sendo recebido por meios honestos. Dar com intenções puras é prover compaixão – sendo atencioso, sem afetar negativamente os outros.

Doar é saudável

Fazer parte de algo maior que nós mesmos é uma das melhores coisas que podemos fazer, tanto para os outros quanto para nós mesmos. Estudos demonstraram que ter um objetivo além de si mesmo é benéfico para a saúde, física e mental, para a longevidade e até para os genes.

Por exemplo, os pesquisadores da Universidade da Califórnia em Los Angeles (UCLA) analisaram a felicidade eudaimônica e a felicidade hedônica.[9] *Eudaimonia* é uma palavra grega que costuma ser traduzida como "felicidade" ou "bem-estar"; porém, "desenvolvimento ou prosperidade humana" foi proposto como uma tradução mais precisa.

A felicidade eudaimônica relaciona-se a propósito e à autorrealização, definindo o bem-estar em relação ao pleno nível funcional de uma pessoa.

Por outro lado, a felicidade hedônica é definida pela autossatisfação, pela busca do prazer e pelo esforço em se evitar a dor – o tipo de felicidade que você sente ao comprar algo extravagante em que estava de olho há algum tempo.

Os pesquisadores da UCLA vincularam esses dois tipos de felicidade a alterações genéticas e descobriram que a felicidade eudaimônica relaciona-se a níveis mais baixos de marcadores de expressão inflamatória genética e a níveis mais altos de anticorpos e genes antivirais. A felicidade hedônica teve o efeito inverso.

Doar é viciante

A sensação de euforia que vivenciamos ao ajudar é conhecida como "helper's high" ou "o barato do caridoso" (um poderoso sentimento de satisfação), definição apresentada por Allan Luks, voluntário e

---

[9] Mark Wheeler, "Be Happy: Your Genes May Thak You for It" ["Seja feliz: seus genes podem lhe agradecer por isso"], *UCLA Newsroom*, 29 de julho de 2013.

especialista em bem-estar. Pesquisadores observaram que o conceito de altruísmo age como uma droga milagrosa. O cardiologista de Harvard, Herbert Benson, afirma que "ajudar os outros é uma porta através da qual você pode esquecer de si mesmo e experimentar uma sensação física natural".[10]

Todos nós já ouvimos falar no "barato do exercício físico", resultado do aumento dos níveis de endorfina. O barato do caridoso ocorre quando as pessoas realizam boas ações. Em outras palavras, é um exemplo clássico do sistema de recompensa interno da natureza para quem ajuda outras pessoas. Depois de passar tantos anos encontrando meu "barato" de maneiras prejudiciais, fiquei fascinado por esse conceito.

Um estudo da Universidade de Oregon realizado em 2007 explorou diferenças na atividade cerebral quando as doações eram feitas de forma voluntária em comparação com doações obrigatórias.[11] Os participantes receberam US$ 100 e, desse valor, não saberiam quanto ficaria com eles nem quanto seria doado. Nem mesmo os pesquisadores que alistaram os candidatos e examinaram o cérebro deles teriam essa informação. As opções de doação foram armazenadas em um cartão de memória e depois pagas em dinheiro ou enviadas a uma instituição de caridade, sem que se soubesse quem havia doado os valores.

Os pesquisadores mediram as respostas cerebrais utilizando um equipamento de ressonância magnética. Às vezes pediam aos candidatos que doassem parte do dinheiro a uma ONG local. Em

---

10 Jenny Santi, *The Giving Way to Happiness: Stories and Science Behind the Life-Changing Power of Giving* (Nova York: Penguin Press, 2016), p. 9.
11 William T. Harbaugh *et al.*, "Neural Responses to Taxation and Voluntary Giving Reveal Motives for Charitable Donations" ["Respostas neurais à tributação e doação voluntária revelam motivos para doações de caridade", *Science* 316, nº 5.831 (junho de 2007): 1622-1625.

outras, eles eram obrigados a fazer uma doação em dinheiro que era enviada a uma ONG sem a aprovação deles. Alguns candidatos receberam dinheiro extra, e por vezes as ONGss recebiam dinheiro sem que o valor fosse descontado do valor recebido pelos candidatos.

As doações voluntárias feitas pelos candidatos resultaram em um "brilho quente". As áreas do cérebro relacionadas à liberação de substância química do prazer acenderam de maneira súbita (o caudado, o núcleo accumbens e a ínsula). Essas áreas do cérebro são as mesmas acionadas quando comemos uma sobremesa ou recebemos dinheiro. Fiquei surpreso com o fato de estarmos fisicamente conectados ao ato de doar.

A doação começa em nós mesmos

Ame a si mesmo primeiro para depois poder dar amor aos outros. Assim, se quiser dinheiro, ajude outra pessoa a ganhá-lo, e é isso o que você vai receber em retorno. Quanto mais fizer isso, mais vai receber. É por isso que a lei da doação vibracional é um dos princípios essenciais e pode ser tão vital quanto a meditação. Tudo o que você der, seja algo pequeno ou grande, tenha inspiração e dê aquilo que lhe parece certo. Nunca dê esperando que o universo lhe retribua. Doe com bons sentimentos no coração. Deixe que o amor seja a emoção a governar seus pensamentos e suas ações, pois o amor é a emoção mais confiável e poderosa do mundo. Aprender a se amar em primeiro lugar é como descobrir o significado da vida. O amor-próprio pode ser o propósito de uma vida – propósito esse que lhe propiciará dias repletos de alegria e felicidade.

Agora sei que, quanto mais você dá, mais recebe; mas e quanto aos gastos? Da maneira que compreendo, o princípio de gastar dinheiro está relacionado à energia. Como tudo é energia, ela pode ser manipulada, o que significa que pode ser influenciada. Aliás, o modo como alteramos a energia do dinheiro é baseado nos sentimentos que vivenciamos ao gastá-lo. Quando damos dinheiro, sabemos que receberemos algo dez vezes maior em retorno. O mesmo princípio também se aplica a gastar dinheiro, desde que imprimamos vibrações positivas, uma atitude positiva e boas intenções à energia desse dinheiro. Se você gastar dinheiro mantendo essa mentalidade, ele voltará em um montante dez vezes maior.

Porém, se estiver gastando dinheiro e se preocupando: "Ah, talvez seja demais", ou: "Talvez eu não devesse ter feito isso", ou ainda: "Será que é a coisa certa a fazer?", ou, ainda mais grave: "Será que vou recuperar esse dinheiro?", então você vai se deparar com um processo totalmente diferente. Estará transmitindo as vibrações erradas, sentindo preocupação e medo em vez de felicidade, paz e gratidão. Se gastar o dinheiro com preocupação na cabeça, perderá a oportunidade de recebê-lo de volta e ser abençoado. Quando você doa ou dá com a intenção ou o propósito errado, não recebe nada de útil em troca.

Portanto, quando for doar algo ou gastar, concentre-se na intenção correta e deixe que o universo se preocupe com o que você vai receber em retorno.

Doar faz as empresas crescerem

A empresa de pesquisa e consultoria Great Place to Work realizou um estudo com várias centenas de empresas e mais de 380 mil funcionários para criar sua lista de "Melhores Locais de Trabalho para se Contribuir Socialmente" em 2018. A pesquisa descobriu que as empresas que fazem contribuição social têm maiores índices de retenção de funcionários, mais embaixadores da marca, além de funcionários entusiastas.[12] Além do mais, funcionários de empresas que contribuem socialmente têm até treze vezes mais vontade de ir ao trabalho.[13] Repito: mesmo que eu não acreditasse de fato na lei da doação vibracional e não tivesse colhido seus frutos, ainda assim implementaria uma cultura de doação em minha empresa, afinal, está comprovado que o ato de doar aumenta o desempenho. Doar é, portanto, um bom negócio.

Encontre sempre um motivo para fazer doações, para fortalecer o próximo. Em retorno, você terá sucesso em tudo o que está tentando alcançar. Seja justo em todas as suas ações e em todos os seus negócios, e o universo possibilitará seu sucesso e sua felicidade.

---

[12] Ed Frauenheim, "Why Company That Give Back Also Receive" ["Por que as empresas que contribuem socialmente também recebem"], *Fortune*, 9 de fevereiro de 2018.
[13] Ibid.

Princípio 7
GRATIDÃO

Não se mede um verdadeiro herói pelo tamanho de sua força, mas sim pelo tamanho de seu coração.
– "Zeus", *Hércules*, da Disney

Aprender sobre a visualização me ensinou a prática da gratidão. A gratidão é um conceito poderoso defendido por grande parte das pessoas mais bem-sucedidas do mundo. Se a gratidão era essencial para elas, decidi que deveria entender por que e como aplicá-la, tal como haviam feito.

A chave para a gratidão que encontrei foi parar de me preocupar com as coisas que eu não tinha na vida; mudar meu foco para as coisas que *tinha* fez toda a diferença. Tive de reconhecer o quanto era grato. Aprender a ser grato todos os dias abriu-me diversas portas para novas oportunidades.

Ao estudar como praticar a gratidão, fui capaz de melhorar por completo minha vida. Na época em que fui um sem-teto e distribuía panfletos de uma imobiliária, comecei a praticar a gratidão. Agradecia o universo por tudo que tinha e parei de me preocupar com as coisas que não tinha. Como disse anteriormente, aprender a ser grato todos os dias abriu-me diversas portas para novas oportunidades. Minha vida estava melhorando a cada dia. Saí de um emprego de distribuidor de folhetos torrando sob o sol para ser promovido a executivo de vendas, depois para gerente de vendas e, em seguida, para diretor de vendas – tudo na mesma empresa. Isso tudo aconteceu em dois anos, graças ao que eu aprendia e a como implementava esses ensinamentos em minha vida.

Mudar meu foco para o que eu *tinha* em vez de me ater a coisas que eu não tinha foi tão simples quanto ligar um interruptor na minha cabeça. Pude perceber que manter o foco no que me faltava me obrigava a não dar o devido valor às coisas que eu tinha.

Em vez de ficar me remoendo por não ter dinheiro para comprar uma passagem de avião de Bangkok para Phuket, fiquei grato pelo motorista de ônibus ter me deixado, mesmo que inconsciente e embriagado, viajar para Phuket.

Em vez de me concentrar no fato de que eu não tinha dinheiro suficiente para comer, fiquei grato à senhora do restaurante, que fazia questão de que eu tivesse alimento todos os dias, mesmo quando não podia pagar por ele. Quanto mais eu pensava na senhora que me dava o macarrão instantâneo, mais me sentia grato, pois pude perceber o impacto que ela teve em minha vida.

Aquela senhora se tornou uma figura significativa no início de minha nova vida na Tailândia por ser o anjo que era. O restaurante tinha apenas quatro mesas com doze cadeiras, e na maioria das vezes estava vazio quando eu passava por lá. Nas primeiras vezes em que fui ao restaurante e ela me entregou o macarrão instantâneo, pensei que o tivesse feito apenas por pena de mim, por eu estar necessitado. Não havia dúvidas de que ela sabia disso. Às vezes se passavam semanas sem que eu acertasse a conta, mas, ainda assim, ela me servia o macarrão, tendo, então, se tornado uma segunda mãe para mim. Por quase um ano, eu me alimentei ali sem que ela tivesse garantia alguma de que um dia eu fosse pagá-la.

Depois me dei conta de que ela simplesmente gostava de ajudar os outros sem querer nada em troca. No início costumava pensar que o sorriso em seu rosto, acompanhado da comida, era um sorriso de pena. Mas, quando me concentrei no fato de que ela me dava um prato com macarrão instantâneo, em vez de focar no fato de que eu não poderia pagá-la, o sorriso dela me fez sentir amado, e não com pena de mim mesmo. Aquela senhora foi a primeira pessoa a me fazer entender a importância de dar sem esperar nada em troca e como ser grato é importante para nossa felicidade e desenvolvimento. Ela tinha um coração de ouro! Jamais vou esquecê-la enquanto viver.

A parte triste é que acabamos perdendo contato. O pequeno restaurante pelo qual eu passava está fechado há um bom tempo agora. Não a vejo há anos. Contudo, um dos 101 objetivos que escrevo todos os anos sempre inclui localizá-la e construir um restaurante adequado para ela servir sua tigela de macarrão. Significaria muito para mim poder agradecê-la dessa maneira. Visualizo esse dia e a vejo sorrir novamente. Sempre que preciso me lembrar do poder da gratidão, ela é minha primeira lembrança. Lembrar-se de se concentrar naquilo que você tem em vez de naquilo que não tem é a chave para o caminho da gratidão. Você ficará surpreso com a quantidade de coisas que tem para agradecer quando fizer essa mudança mental.

Outra pessoa a quem sou eternamente grato é meu amigo sueco que me enviou o livro *O Segredo*. Em vez de me prender ao fato de que ele não me enviou o dinheiro de que precisava, concentro-me em todas as bênçãos que aquele simples ato me trouxe. Se não fosse por isso, não sei se estaria onde estou hoje, escrevendo um livro sobre os 18 princípios da riqueza. Sou muito grato a esse amigo. Ler aquele livro me ajudou a realizar tanto! Quando ele se recusou a me dar dinheiro, mas me presenteou com o livro, comecei a me desenvolver como pessoa pela primeira vez na vida. Agradeço demais por esse presente, que continua produzindo frutos.

A facilidade em demonstrar gratidão

É muito fácil demonstrar nossa gratidão, seja em forma de uma gorjeta, quando estamos em um restaurante, ou expressando-a de maneira verbal. Podemos demonstrar gratidão ajudando outras pessoas, e não apenas retribuindo uma gentileza. Mostrar gratidão pode ser algo tão singelo quanto escrever uma simples carta ou fazer um telefonema para dizer palavras sinceras. Ou pode ser tão significativo quanto premiar um funcionário com uma viagem por sua dedicação e seu trabalho árduo. A gratidão pode assumir várias manifestações, entre elas, formas que não requerem grande esforço. Leva apenas um segundo para se dizer um honesto "obrigado".

O efeito da gratidão

Segundo pesquisas na área de psicologia positiva, a gratidão está relacionada à felicidade. Quem é grato vivencia mais emoções positivas, desfruta de bons momentos e é mais saudável, além de lidar melhor com adversidades e construir relacionamentos mais duradouros. Quanto mais pesquiso sobre a gratidão, mais percebo seu poder de mudar vidas para melhor.

Em 2013, a revista *Personality and Individual Differences* relatou que pessoas gratas sentem menos dor e afirmam que são mais saudáveis do que as demais.[14] Novas pesquisas apontam também, sem nenhuma surpresa, que pessoas gratas têm mais probabilida-

---

14   Patrick L. Hill, Mathias Allemand e Brent W. Roberts, "Examining the Pathways Between Gratitude and Self-Reported Physical Health Across Adulthood" ["Examinando os caminhos entre gratidão e a saúde física autopercebida durante a vida adulta", *Personality and Individual Diferences* 54, (janeiro de 2013): 92-6.

de de cuidar da saúde, exercitam-se com mais frequência e fazem exames médicos periódicos.[15] Pesquisas sobre gratidão na área da saúde fizeram muito sentido para mim, e passei a perceber como me sentia bem fisicamente nas semanas e nos meses posteriores ao início da prática de exercícios de gratidão. Além de me sentir fisicamente mais forte, pude perceber que me sentia mais forte também mentalmente.

Robert A. Emmons, Ph.D., um dos principais pesquisadores da gratidão, conduziu diversos estudos sobre a relação entre gratidão e bem-estar. Sua pesquisa confirmou que a gratidão aumenta a felicidade de forma efetiva, reduzindo ainda as chances de depressão.[16]

Quando você demonstra gratidão de maneira intencional, obtém resultados efetivos.

Gratidão nos negócios

Quanto mais colocava a gratidão em prática, tornando-a um hábito, e mais fundo eu mergulhava na filosofia da gratidão de outras pessoas bem-sucedidas, mais ficava claro que a gratidão pode ser uma ferramenta poderosa também nos negócios. Considere dois simples aspectos ao abordar a gratidão em sua vida profissional.

---

15 Antique Nguyen, "5 Reasons Why Practicing Gratitude is Important in Healthcare" ["5 razões pelas quais a prática da gratidão é importante na área da saúde"], PreCheck Blog, 11 de outubro de 2017. Disponível em: https://www.precheck.com/blog/5-reasons-why-practicing-gratitude-important-healthcare. Acesso em: 28 set. 2020.
16 Robert Emmons, "Why Gratitude Is Good" ["Por que a gratidão é boa"], *Greater Good*, 16 de novembro de 2010.

Primeiro, um estudo de 2014 publicado no *Journal of Applied Sports Psychology* constatou que a gratidão aumentou a autoestima dos atletas, o que é essencial para se ter um alto desempenho.[17] Outros estudos levantaram que a gratidão reduz comparações sociais. Em vez de ficar ressentido com as pessoas que ganham mais dinheiro ou têm melhores empregos – o que é um fator significativo na diminuição da autoestima –, quem é grato aprecia mais as conquistas alheias.

Trabalhando com vendas e precisando estabelecer uma rede estreita de relacionamentos para ajudar a construir meus maiores projetos imobiliários, percebi o poder que a gratidão tem para fazer as pessoas desejarem trabalhar com você. Reconhecer a contribuição de cada um leva a novas oportunidades, o que é crucial para um sucesso vertiginoso. Algo tão simples quanto um "obrigado" demonstra apreço e boas maneiras, e pode ajudá-lo a conseguir novos amigos, de acordo com um estudo de 2014 publicado na revista *Emotion*.[18] O estudo constatou que agradecer os colegas de trabalho deixa-os propensos a querer estabelecer relações duradouras; isso inclui agradecer alguém por lhe segurar a porta aberta ou deixar uma nota de agradecimento na mesa de um dos colegas de trabalho.

---

17 Lung Hung Chen e Chia-Huei Wu, "Gratitude Enhances Change in Athletes' Self-Esteem: The Moderating Role of Trust in Coach" ["A gratidão aumenta a mudança na autoestima dos atletas: o papel de moderador da confiança do treinador"], *Journal of Applied Sports Psychology* 26, nº 3 (2014): 349-62.
18 Lisa Williams e Monica Bartlett, "Warm Thanks: Gratitude Expression Facilitates Social Affiliation in New Relationships Via Perceived Warmth" ["Agradecimento caloroso: a expressão de gratidão facilita a ligação social em novos relacionamentos devido ao acolhimento percebido"], *Emotion* 15, nº 1 (agosto de 2014).

Ative sua mentalidade de gratidão

O primeiro passo para ativar sua mentalidade de gratidão é começar a sentir gratidão por si mesmo, por seus dons e pelas suas realizações. Sentir-se grato é muito desafiador, porque às vezes pode parecer que somos egoístas e egocêntricos. É uma sensação estranha apreciar a si mesmo e os próprios dons.

Não importa quão insignificante possa parecer, há muitos aspectos do nosso dia a dia pelos quais podemos ser gratos: um lindo dia de sol, o caminho sem trânsito até o trabalho, um atendente simpático em seu café predileto ou receber um cupom de desconto no almoço.

Exercício: "Prática da gratidão"

Reserve 10 minutos ao final de cada dia para a prática da gratidão. É essencial fazer isso no final do dia, para poder refletir sobre os acontecimentos diários, vivenciar a gratidão e dormir com esses pensamentos, que penetrarão em seu subconsciente.

1. Reserve esse tempo para pensar no seu dia, nos eventos, nos sentimentos em relação às experiências e no que o dia seguinte reserva para você.
2. Comece se concentrando nas pequenas coisas pelas quais você pode agradecer, como ter encontrado uma boa vaga de estacionamento no supermercado, ter desfrutado de uma boa xícara de café pela manhã, ter ido à

academia para se exercitar ou por alguém que tenha lhe segurado a porta aberta.

3. Ao tomar consciência de todas as pequenas coisas pelas quais você é grato, comece a verbalizá-las. Por exemplo: "Sou grato pela pessoa que demonstrou bondade ao manter a porta aberta para mim. Sou grato por essa pessoa me ver como merecedor de uma gentileza. Sou grato por hoje ter tido força de vontade para ir à academia e ter valorizado minha saúde e meu corpo. Sou grato pela energia para me exercitar e por me concentrar em minha saúde para poder viver melhor a vida".

4. Em seguida, dedique certo tempo a focar nas grandes coisas de sua vida pelas quais é grato: um relacionamento especial, um grande negócio, a chance de viajar, um diagnóstico favorável de saúde, seus filhos ou uma nova oportunidade.

5. Ao tomar consciência de todas as coisas importantes pelas quais você é grato, comece a verbalizá-las: "Sou grato por minha companheira e por como posso expressar e receber o amor dela de maneira incondicional. Sou grato por ela ver o melhor em mim, para que eu também possa ver o melhor em mim. Sou grato por esse acordo comercial e por poder oferecer novas oportunidades em minha empresa, aos colegas de trabalho e clientes. Sou grato por meus funcionários confiarem em minha visão e facilitarem minha liderança, para que possamos prosperar juntos".

6. Por fim, repasse seu sentimento de gratidão e peça ao universo que reconheça sua estima pelas pequenas e grandes coisas. Passe alguns minutos pensando em como se sente após expressar sua gratidão naquele dia.

Quando você pratica o princípio da gratidão todos os dias, seja sozinho, durante a meditação, ou expressando agradecimentos pessoais àqueles que lhe mostraram bondade ou que o ajudaram de alguma maneira, em retorno, o universo lhe dará mais coisas pelas quais agradecer. O universo vai reconhecer sua verdadeira gratidão pelas coisas que a vida lhe proporcionou, seja você rico ou pobre, e continuará a lhe fornecer coisas boas. Quando notamos todas as coisas em nossa vida pelas quais somos gratos, nosso corpo se enche de paz, contentamento e felicidade pelo que já temos. Paramos de desejar tudo o que não temos e ficamos satisfeitos com aquilo que temos. Quando praticamos a gratidão, passamos a aceitar as coisas e podemos relaxar com o que já temos. Vivemos mais calmos, agradecidos e felizes. O universo reconhecerá o sentimento positivo irradiando de você e trará mais desses sentimentos para sua vida, fazendo que você continue a se sentir grato. O princípio básico é: agradeça por tudo o que tem, seja algo grande ou pequeno, e esteja aberto para receber e ser grato.

Sem ter consciência das coisas pelas quais sou grato, ainda estaria morando na praia.

Princípio 8
TENHA IDEIAS TÃO GRANDES A PONTO DE DEIXAR OS OUTROS DESCONFORTÁVEIS

A mente é seu lugar, e por si só pode fazer do céu um inferno e do inferno, o céu.
– John Milton

Será que minha jornada de sem-teto a bilionário se deu porque fiquei muito bom em estabelecer metas e meditar? Não. Se isso fosse verdade, teríamos um mundo cheio de bilionários. Foi com muita disciplina e dedicação pela capacidade de pensar grande que obtive enorme sucesso. Para conquistar tal sucesso, você deve ter e executar grandes ideias.

Pensar grande e colocar conceitos em prática não são habilidades com as quais nascemos. Elas precisam ser praticadas.

Ao meditar sobre ideias inspiradoras, um dos pontos-chave para se ter grandes pensamentos é incorporar a eles o maior número possível de princípios voltados ao sucesso. Quando você está inspirado, seu subconsciente alimenta seus pensamentos, e é com base nessas novas ideias que você deve agir – antes que seu subconsciente pare de inspirá-lo. Agir é o primeiro passo para tornar suas ideias cada vez mais poderosas.

A segunda coisa em que você precisa se concentrar quando tiver uma "grande ideia" é como torná-la mais significativa e impactante. Não foque em como você vai fazer. Não se concentre no custo da ideia ou nas críticas que poderá receber. Portanto, não deixe que os pessimistas o detenham quando tiver uma boa ideia; em vez disso, deixe sua mente vagar e pense sobre o conceito mais amplo da ideia. Torne-a tão grandiosa que, quando a descrever para alguém, ele se sinta desconfortável.

Estudo de caso: Pensando grande

Em 2006, Blake Mycoskie abriu uma empresa para projetar e vender sapatos, óculos, café, vestuário e bolsas.

Veja abaixo os detalhes:

- Em 2006, enquanto estava de férias na Argentina, Mycoskie percebeu que os jogadores de polo de lá usavam alpargatas, um calçado simples de lona que começou a usar (e que também serviu de protótipo para sua futura linha de calçados).
- Mycoskie percebeu, ao fazer trabalho voluntário nos arredores de Buenos Aires, que várias crianças corriam pelas ruas descalças.
- Mycoskie ficou grato por poder comprar calçados enquanto alguns não podiam, e ele também amava resolver problemas – nesse caso, o daquelas crianças descalças. Ser grato e ter compaixão é uma combinação poderosa.
- Sua grande ideia foi desenvolver um tipo de alpargata para o mercado norte-americano, com o objetivo de doar um novo par de calçados aos jovens da Argentina e de outros países em desenvolvimento a cada par de calçados vendido.
- Mycoskie procurou a orientação de Bill Gates, que o encorajou ainda mais ao confirmar que a falta de calçados na Argentina era um dos principais fatores para a proliferação de doenças entre as crianças.
- Mycoskie, inspirado por sua ideia, tomou uma ação imediata e vendeu sua empresa de treinamento *on-line* para motoristas por US$ 500 mil, para financiar sua empresa de calçados. Em princípio, ele contratou fabricantes de calçado argentinos para produzir 250 pares de calçados. As vendas começaram oficialmente em maio de 2006. Ele não tinha nenhuma experiência na indústria de calçados,

portanto, o negócio teria um risco significativamente alto, mas ainda assim o assumiu.

- O nome da empresa é derivado da palavra *tomorrow* ("amanhã") e evoluiu do conceito original: Shoes for Tomorrow Project [Projeto Calçados para o Amanhã]. A marca de calçados TOMS foi criada. Ele iniciou sua empresa baseado em emoções positivas de amor e gratidão, querendo, de fato, fazer a diferença.
- Depois que um artigo foi publicado no *Los Angeles Times*, a empresa recebeu pedidos nove vezes maiores que o estoque disponível *on-line*, e 10 mil pares foram vendidos no primeiro ano. O primeiro lote de 10 mil calçados gratuitos foi entregue a crianças argentinas em outubro de 2006.
- Seu primeiro ano foi tão bem-sucedido que Mycoskie expandiu sua ideia. Em 2007, a empresa lançou seu evento anual "One Day Without Shoes" [Um Dia Descalço], que incentivava as pessoas a saírem descalças para aumentar a conscientização sobre o impacto que os calçados podiam ter na vida de uma criança. O evento teve patrocinadores corporativos como AOL, Flickr e Discovery Channel.
- Em 2012, a TOMS forneceu mais de 2 milhões de pares de novos calçados para crianças em países em desenvolvimento pelo mundo afora.
- Em junho de 2014, Mycoskie estabeleceu uma nova meta: vender parte de sua participação na empresa para ajudá-la a crescer de maneira rápida e atender aos objetivos de longo prazo. A Bain Capital a adquiriu de imediato.

- A fortuna de Mycoskie após o acordo foi estimada em US$ 300 milhões; ele manteve a metade das ações da TOMS, além de seu papel como "doador de calçados".
- Mycoskie disse que usaria metade dos recursos da venda para iniciar um fundo de apoio ao empreendedorismo social, e a Bain entraria investindo o mesmo valor e mantendo a política de doação da empresa.

O ponto central desse exemplo é que a TOMS foi avaliada em mais de US$ 600 milhões seis anos após o surgimento daquela ideia inspiradora do Mycoskie. A política de doação tornou-se um impactante modelo que muitas empresas adotam atualmente.

A ideia de Mycoskie transformou-se em um sucesso extraordinário por três razões:

1. Ele recebeu orientação (Bill Gates) para adicionar "combustível" à sua ideia e torná-la ainda mais significativa.
2. Ele tomou uma ação imediata, investindo US$ 500 mil para produzir os primeiros 250 pares de calçados.
3. Ele continuou a incrementar a ideia e impulsionou seu crescimento ao pensar cada vez mais alto (levando em conta a caridade e o investimento).

Os calçados não eram a grande ideia; ele reproduziu calçados que já existiam na Argentina, apenas trazendo-os para a América do Norte. A grande inspiração foi tentar resolver o problema das crianças sem calçados usando um negócio bem-sucedido.

Sua grande ideia continua crescendo. Quando a TOMS vende um par de calçados, um outro par vai para uma criança carente. Quando a TOMS vende um par de óculos, parte do lucro é usada para salvar ou restaurar a visão de pessoas pobres de países em desenvolvimento. A empresa lançou a TOMS Roasting Co. em 2014, e a cada pacote de café que a companhia vende, com parceria de outras organizações, chamadas "giving partners" ("parceiros doadores"), a empresa fornece 140 litros de água limpa, equivalente ao suprimento semanal, a uma pessoa carente. Em 2015, a TOMS Bag Collection foi lançada para financiar avanços na área da saúde maternal. As vendas das bolsas da TOMS ajudam a fornecer treinamento para assistentes de parto qualificados, bem como *kits* para parto contendo itens que ajudam as mulheres a terem um parto seguro.

Você acha que essa incrível empresa de Blake Mycoskie se originou apenas de uma ideia inspiradora? Não. Mycoskie tinha um plano inicial para abrir uma empresa de calçados que contribuísse socialmente, o que ajudaria a cumprir uma de suas apaixonantes missões. Ele começou com uma única ideia e depois utilizou diversos princípios de sucesso discutidos neste livro. Tenho muito respeito pela TOMS e pelo que ela realiza. É um exemplo perfeito de como pensar grande leva ao sucesso – e como o sucesso nos permite melhorar a vida das pessoas ao nosso redor.

Você pode criar inúmeras oportunidades nos negócios e na vida treinando sua mente para pensar grande. A ideia inicial pode ser pequena, mas a forma como você continua a pensar nela deve ser enorme. Eu comecei com o desejo de melhorar a experiência de meus clientes no setor imobiliário durante as reuniões, para então criar um novo negócio no ramo de cafés.

O café Famous

No setor imobiliário, quando os clientes se reúnem com as incorporadoras, sempre oferecemos café e um lanchinho. Queremos que os clientes se concentrem e prestem atenção às apresentações, e não em se estão com fome ou sede.

Um dia, alguém reparou que nossos concorrentes serviam para os clientes somente café comum ou instantâneo, comprado em qualquer loja de conveniência. Essa observação originou uma ideia inspiradora.

Logo visualizei como a experiência dos clientes seria melhor se tivéssemos um café maravilhoso no prédio, onde sempre houvesse café fresco e delicioso, acompanhado de guloseimas saborosas, para eles desfrutarem. O ponto-chave agora era agir sem demora. Criamos o primeiro café em uma parte de nossos escritórios em desenvolvimento, e até nossa própria marca, adquirindo o produto de uma famosa plantação da Tailândia, reconhecida pela qualidade e pelo sabor de seus grãos. Ao entrar em nosso prédio a caminho de uma reunião, os clientes parariam primeiro nesse café. Em pouco tempo, os clientes começaram a voltar ao prédio apenas para uma xícara de café, um doce ou um lanche. Começamos a receber ótimas críticas sobre nossos serviços, cafés e alimentos servidos. Depois, acabamos expandindo localmente e agora temos três filiais bem-sucedidas.

A ideia inovadora de abrir um café em nossa sede era oferecer aos clientes uma experiência única quando fossem às reuniões. No entanto, a ideia cresceu cada vez mais, evoluindo para uma franquia. Poderia ter parado em apenas uma loja, mas continuei pensando em como poderia expandir o negócio e torná-lo ainda melhor.

Inicialmente, nomeei o café de Green Mountain (Montanha Verde), em referência à região da Tailândia de onde compramos os grãos. Mas decidi mudar o nome do café porque em uma de minhas sessões de mentalização ocorreu-me que o nome certo deveria evocar a sensação que eu queria que as pessoas sentissem. Mudei o nome da cafeteria para Famous (Famoso). *Famous* é uma palavra bem simples e fácil de lembrar, e achei que os clientes gostariam de pronunciá-la. Eles diriam: "Vamos nos encontrar no Famous", ou "Estou no Famous". Essa palavra traz implícita uma boa sensação. Quando perguntam "Onde você vai tomar seu café hoje?", é difícil não sorrir ao responder: "Estou indo no Famous". Uma única palavra, com conotação positiva, e parece especial, como um lugar aonde você vai para conhecer celebridades. Você pode tomar apenas uma xícara de café, mas vai se sentir bem por causa da experiência. Quando o nome Famous me veio à mente, soube na mesma hora que ele era ideal. Agora, tudo o que sei, é que os clientes adoram estar no Famous.

Os demais podem não enxergar o modo como você vê as coisas, pois não é tarefa deles. É seu trabalho transformar sua visão em realidade.

Estudo de caso: Agir com rapidez diante de grandes ideias

Em 2011, dois homens conversavam em uma festa sobre como estavam descontentes com o preço das lâminas de barbear. Tiveram uma grande ideia chamada Dollar Shave Club [Clube de Barbear

Dólar]. O que tornou os fundadores Mark Levine e Michael Dubin tão bem-sucedidos foi a rapidez com que agiram diante dessa ideia. Com o próprio dinheiro e mais o investimento da incubadora Science Inc., eles começaram as atividades em janeiro de 2011, lançando o *site* apenas noventa dias depois.

O serviço de inscrições para assinantes foi lançado em 6 de março de 2012, em um vídeo no YouTube que viralizou, chegando a travar o servidor da empresa na primeira hora. Assim que Dubin colocou o servidor em funcionamento, ele convocou uma equipe de amigos e funcionários para ajudá-lo a atender os 12 mil pedidos que chegaram nas primeiras 48 horas após o lançamento do vídeo. Mesmo quando problemas atingiram a nova empresa, seus fundadores logo os perceberam e agiram com rapidez para solucioná-los. Desde seu lançamento, a empresa ganhou 3,2 milhões de assinantes.

A moral dessa história é que não há ideia modesta demais que não possa gerar grandes negócios.

Há sempre uma maneira mais fácil

Descobri que pode ser muito difícil implementar uma nova ideia, sobretudo quando se trata de negócios. Quando algo é muito difícil, é comum querer desistir. Grandes ideias podem parecer difíceis de serem executadas, e é por isso que sempre busco a maneira mais fácil de realizá-las. Nasci querendo fazer as coisas do meu jeito e, sempre que possível, busco o modo mais simples de realizá-las.

Por volta dos 14 anos de idade, pouco antes de largar o Ensino Médio, consegui um emprego de vendedor durante o período de férias. Ia de porta em porta vendendo caixas dos tradicionais *cookies* suecos de chocolate, chamados *Chokladbollar*. O objetivo era vender uma caixa a cada casa em cuja porta eu batesse. Digamos que as vendas foram gélidas naquele inverno rigoroso. Cada caixa custava cerca de 257,97 coroas suecas, e eu estava ouvindo não atrás de não.

Achei que seria mais fácil vender os *cookies* por unidade, em vez de a caixa inteira, e meu chefe, na verdade, não havia comentado nada sobre vender os *cookies* por unidade. Então, quando as pessoas abriam a porta, passei a dizer:

– Tenho aqui uma caixa de *Chokladbollar*, você pode ficar com um por 50 centavos. – Achei essa tática muito melhor porque as pessoas geralmente queriam comprar apenas um ou dois biscoitos. No entanto, isso fez elas comprarem a caixa inteira, pois percebiam que era mais barato fazer isso do que adquirir apenas um ou dois *cookies*. Não demorou para que eu começasse a vender caixa atrás de caixa. Essa técnica me levou a ser o melhor vendedor de uma equipe com 12 pessoas.

Há uma solução para cada problema, e os desafios nos fortalecem, dando-nos chances de aprendermos coisas que vão nos ajudar a ter tranquilidade no futuro. Eu poderia ter desistido quando não consegui vender nem uma única caixa de *cookies* sequer, mas, por fim, relaxei e deixei que uma ideia inspiradora surgisse. Ainda era jovem naquela época e, como discutimos antes, quando somos jovens, nossa mente é mais criativa, pois ainda não fomos moldados pela realidade do mundo. Cremos sem medo nem preocupação, e permitimos que uma enorme gama de novas ideias penetre em nossa mente e nos dê a resposta que buscamos.

Quando uma ideia surgir em sua mente, pare um instante e a anote antes que venha a esquecê-la, mesmo que tenha de manter um caderninho na mesinha de cabeceira para escrever as ideias que surgirem durante a noite ou em sonhos. Após anotar a nova ideia, liste quais ações imediatas você poderia tomar para que ela se tornasse realidade. Pode ser uma simples ligação para alguém que possa ajudá-lo, ou para alguém que possa lhe fornecer uma informação útil. Talvez seja necessário fazer uma breve pesquisa para determinar quais ações são necessárias. Encontre as soluções para tornar essa ideia realidade. É no processo de busca por soluções que você encontrará a oportunidade que está à sua espera – a possibilidade que o conduzirá ao sucesso.

Grandes ideias: Um jogo de números

Muitos anos depois de ter morado na praia e após o sucesso que obtive no setor imobiliário, surgiu o pensamento de abrir uma academia. Era uma ideia grandiosa, não apenas pelo âmbito envolvido no negócio, mas também porque eu não tinha experiência na área de *fitness*. Era um grande risco para mim. Mas tive um sonho que me inspirou, e essa grande ideia valeu a pena, tornando-se um sucesso.

Nem todas as minhas grandes ideias foram recompensadoras. Investi uma quantidade significativa de tempo e dinheiro em pesca! Comprei o Phuket Fishing Park depois que minha primeira imobiliária faliu. Comprei um lago com dinheiro emprestado e importei peixes enormes de água doce, de diferentes países, para colocar no lago. Construí cabanas para os pescadores e fornecia todo o equipamento de pesca necessário para usarem no parque. Um lugar relaxante para pescar, sem nenhuma preocupação! Eu tinha certeza de que o parque de pesca seria um sucesso.

Puro engano! Manutenção. Morte de peixes. Custos de jardinagem. Reparos. Problemas com funcionários. Acabou sendo muito mais trabalhoso do que previ, com um retorno mínimo sobre o investimento. Essa grande ideia naufragou com rapidez.

Em outra ocasião, uma empresa de fundos de pensão me procurou para me oferecer participação em fundos de investimentos no exterior. Os fundos de pensão são uma espécie de aposentadoria privada. Parecia ser uma ótima maneira de investir dinheiro, fazer o bem e expandir meu portfólio de negócios. Estaria ajudando clientes australianos a usarem os fundos de aposentadoria para investir no exterior. Sabia como investir, então me pareceu ser um investimento de baixo risco. Depois acabei descobrindo que o corretor australiano que tinha licença para realizar esse negócio era um bêbado desonesto. Após investir uma quantia significativa em conteúdo de marketing e no *site*, fui forçado a abandonar a parceria. Com tantos australianos visitando a Tailândia naquela época, fiquei feliz em correr o risco, acreditando que valeria a pena. Olhando agora em retrospecto, fico feliz por não ter concretizado o negócio.

Tenho grandes ideias o tempo todo. Tomo as devidas ações e assumo riscos. Até hoje, investi tempo e dinheiro em 13 empresas que faliram e em 19 empresas que obtiveram sucesso. Pensar grande e agir de acordo constitui grande parte do meu sucesso.

Para pensar grande, comece pequeno

Para fortalecer sua mente e buscar grandes objetivos, exercite-a como se fosse um músculo, indo atrás de grandes objetivos. Vai levar tempo e requer prática fazer dos princípios deste livro um hábito. Lembre-se de que um único pensamento deve superar obstáculos, contratempos, problemas e dificuldades antes que você possa extrair o potencial máximo dele. Para que uma ideia cresça e se expanda, é preciso aceitar a dura realidade da vida e fazer ajustes quando necessário, mas sem nunca diminuí-la. Pensar grande é realizar coisas grandiosas.

Princípio 9
SEJA APAIXONADO

Tudo o que faz seu sangue correr provavelmente vale a pena ser feito.
— Hunter S. Thompson

É essencial descobrir aquilo que você gosta de fazer – sua paixão. Quando a encontrar, terá satisfação em trabalhar nela, o que invariavelmente leva ao sucesso. Por exemplo, sempre sonhei em morar em um paraíso. Trabalhei duro para criar meu paraíso em Phuket.

Foi em Phuket que descobri minha paixão, o que foi uma grande mudança de vida, considerando que um ano antes me questionava sobre se conseguiria chegar aos 18 anos de idade. Eu estava em uma motocicleta, distribuindo panfletos de uma imobiliária. Nesse dia, entreguei um folheto a um homem que estava em Phuket a negócios, dirigindo-se ao aeroporto, a poucas horas de seu voo para casa. Ele estava interessado em uma das propriedades, mas queria vê-la naquele momento para não se atrasar. Levei aquele senhor ao escritório de vendas para encontrar um corretor que o conduzisse ao imóvel. Não havia ninguém na imobiliária; todos estavam ocupados com outros clientes. Ele me avisou que não poderia esperar pelo retorno dos funcionários. Então tive uma deia inspiradora.

– Bom, senhor, tenho apenas uma moto, mas ficaria feliz em levá-lo para ver a propriedade. O senhor teria de ir comigo, mas posso garantir que estaremos de volta antes do horário do seu embarque.

Surpreendentemente, ele concordou.

Eu sabia a localização de apenas um dos imóveis, então o levei a esse local. Passei uma hora falando sobre a área e mostrando a propriedade. Quando voltamos para a imobiliária, ele me disse que iria comprá-la. Meu gerente mal podia acreditar. Como eu poderia ter fechado a venda em uma hora, de moto, sem nenhum treinamento em vendas? Passando apenas uma hora com ele, consegui ganhar sua confiança. Busquei me conectar a ele, e ele efetuou a compra! Foi a primeira vez na vida que senti orgulho de algo que havia feito. Foi ótimo me envolver com alguém, entender o que essa pessoa procurava, sendo capaz de me conectar com aquele desejo. Queria mais oportunidades que me fizessem sentir daquela maneira, e as obtive quando meu gerente me promoveu a vendedor. Larguei o trabalho de panfletagem para sempre.

Agora possuo academias, cafés, um posto de gasolina e um *spa*, além de outras 15 empresas no setor imobiliário. Amigos e familiares sempre fazem a mesma pergunta:

– Andres, você fala muito sobre ter paixão pelo que fazemos, mas como ter paixão por todas essas diferentes empresas que criou?

Minha resposta é que não tenho. Não tenho uma profunda paixão por todas as minhas empresas, mas, sim, uma ardente paixão por criá-las e transformar ideias em operações de sucesso. Tenho um grande amor por transformar minhas ideias em empresas rentáveis e bem-sucedidas.

Minha paixão e meu amor em ser um desenvolvedor vêm da magia de ter uma ideia que se transforma em uma imagem na cabeça, depois em uma imagem no papel, em seguida em um desenho, depois em um preço para que ela aconteça e, por fim, em uma ideia criada e erigida diante de meus olhos. Tudo começa com a imaginação. Toda criação começa com uma imagem na cabeça. A satisfação de converter uma ideia ou um sonho em algo real – que você possa sentir, ver, tocar e cheirar – proporciona uma alegria inigualável. E também prova que todos nascemos criadores e que todos temos o poder dentro de nós para criar qualquer coisa que nos vier à mente.

Paixão é o que faz todas as coisas ruins valerem a pena.

Encontrando sua paixão

Não ser capaz de reconhecer sua paixão é um problema para quem está preso em um emprego de que não gosta. Também é muito comum cair em uma rotina que o deixe entediado ou insatisfeito: você quer mudar, mas não tem certeza do que fazer em seguida.

Encontrar sua paixão é mais fácil do que você pensa. Ao responder honestamente a estas perguntas, poderá descobrir o que quer fazer pelo resto da vida.

- Sobre qual assunto você seria capaz de ler quinhentos livros sem ficar entediado?
- O que você poderia fazer pelos próximos cinco anos sem receber nada por isso?
- O que você faria com seu tempo livre se tivesse liberdade financeira para realizar qualquer coisa?

Exercício: "Descubra sua paixão"

Você não precisa ser ótimo em algo para se apaixonar. Se não consegue se imaginar *sem* determinada coisa, então é paixão. Você se concentrou em seus objetivos ao fazer uma lista das coisas que não desejava, para depois escrever o oposto. Você pode determinar sua paixão da mesma maneira.

1. Comece escrevendo aquilo que não gosta de fazer.
2. Liste os trabalhos ou tarefas que detesta.
3. Depois de eliminar essas opções, sua verdadeira paixão vai ficar mais evidente.

4. Em seguida, crie uma lista das pessoas que inveja fazendo a seguinte pergunta: "Quem é a pessoa que eu mais invejo por causa de seu trabalho?".
5. Faça uma lista com diversos nomes, depois analise o trabalho de cada pessoa e circule os que gostaria de ter.
6. Elimine as opções da sua lista de "inveja" que estejam na lista de coisas que não gosta de fazer.
7. As opções circuladas que restaram devem fornecer pistas sobre as coisas que despertam sua paixão.

Combine habilidades para descobrir sua paixão

Grande parte das pessoas são regulares naquilo que fazem. De acordo com Oliver Emberton, fundador da *startup* de *software* Silktide, se você combinar suas habilidades medianas, encontrará sua paixão.

"Digamos que você seja um artista mediano, com um senso de humor razoável", explica Emberton. "Você não vai ter grandes chances com um diploma de arte em mãos, e também não pode considerar 'humor' um objeto de estudo. No entanto, você pode se tornar um excelente cartunista."[19]

Emberton argumenta que as pessoas bem-sucedidas, as mais apaixonadas por seu trabalho, raramente se definem por uma única habilidade.

---

19 Oliver Emberton, "How to Find and Master the Mystical Unicorn That Is 'Passion'" ["Como encontrar e dominar o unicórnio místico que é a 'paixão'"], *Inc.*, 27 de março de 2015.

"Elas são uma fusão de habilidades, que em geral nem são habilidades excepcionais; a fusão é que fez delas excepcionais", diz ele.

Levando em consideração Steve Jobs, percebemos que ele não era o melhor engenheiro, vendedor, *designer* ou empresário do mundo. Ele era bom o bastante em todas essas áreas e as combinou, formando algo muito mais relevante.

Você pode ter inúmeras paixões e elas podem sempre mudar, mas descubra pelo menos uma coisa pela qual seja totalmente apaixonado neste mundo e use-a para transformar toda a sua vida.

Princípio 10
DOMINE SUAS EMOÇÕES

*O pensamento, os sentimentos, os sonhos,
as ideias estão fisicamente no universo.
Se sonhamos com alguma coisa, se imaginamos algo, daremos
impulso no universo para sua realização.*
– Will Smith

Negatividade é como o vento: sopra por um minuto e rapidamente passa. Não há como detê-la. O único jeito de lidar com o vento é deixá-lo soprar sem permitir que ele o afete no longo prazo.

A reação mais comum é revirarem os olhos para mim.

– Andres, isso parece muito bobo. Quando eu estiver irritado, devo apenas ter pensamentos felizes, e tudo vai melhorar? Parece ingênuo. Negatividade não é como o vento.

Sempre ouço isso dos novos funcionários.

Em se tratando de negócios, deixar a raiva, a frustração, o medo ou qualquer outro tipo de sentimento negativo minar o pensamento pode comprometer grandes acordos, afastar colegas de trabalho, levar a más decisões e limitar oportunidades. Quando você entende que as emoções negativas afetam a lucratividade, geram prejuízo e limitam o crescimento, fica mais evidente a necessidade de se concentrar na criação de sentimentos opostos.

A chave para a inversão dos sentimentos negativos é, em primeiro lugar, reconhecer esses sentimentos e a devastação que podem causar se permanecermos nesse estado de espírito. Depois, você deve se concentrar em sentimentos de felicidade, amor e outros sentimentos positivos.

Encontrando uma fonte de positividade

Embarquei em uma aventura no Peru que me levaria 4.700 metros acima do nível do mar, até o topo de Salcantay, na Cordilheira dos Andes, e depois para a cidade perdida de Machu Picchu.

Começamos nossa jornada após apenas dois dias de climatização, apesar dos sete dias recomendados. Não foi uma decisão inteligente, mas havíamos feito várias caminhadas em grandes altitudes e achamos que seria o suficiente. Na noite em que atingimos 4.500 metros de altitude, duas pessoas do grupo começaram a passar mal e ficaram muito doentes. No alto da montanha, sem nenhuma ajuda por perto em um raio de quilômetros, e com a Mãe Natureza obviamente no controle da situação, a negatividade começou a dominar o grupo.

Medo e ansiedade dominaram os que estavam doentes, e pela cabeça deles passavam pensamentos de que não conseguiriam voltar para a base da montanha. Os que não estavam doentes sentiam-se preocupados, frustrados e estressados, além de impotentes perante aquela situação. O que começou como uma aventura singular transformou-se no que poderia ser a última grande ideia para algumas pessoas do grupo. Tínhamos de descobrir como desceríamos para Machu Picchu com os membros do grupo com gravíssimos problemas para respirar, que não poderiam acompanhar o ritmo da caminhada. O clima, a altitude e o isolamento assombravam nossos pensamentos.

Foi no topo da montanha, em meio àquela situação, que encontrei clareza e capacidade para controlar as emoções, algo com que lutei intensamente durante anos. Olhei para o grupo. Eu amava muitas das pessoas que estavam ali. Sempre viajávamos juntos. Conhecia a fundo o espírito de cada um deles. O céu parecia estar a um passo do paraíso, tão incrivelmente belo ele se encontrava.

Comecei a dizer a mim mesmo exatamente o que estava vendo, para combater o medo e a incerteza que tomavam conta da minha mente. Disse que estava cercado de amor e beleza, e em terreno sólido. Meus pés estavam no chão sólido; a montanha não estava tremendo nem me jogando de um lado para o outro. Ela me proporcionava um terreno firme o bastante para descermos e sair do perigo. O céu era inspirador, fazendo-me lembrar de que vivíamos para momentos como aquele de tirar o fôlego. Os membros do grupo se amavam, e nossas motivações eram as mesmas. Quando tomei consciência do ambiente ao redor, senti os músculos relaxarem.

Minha respiração se harmonizou e percebi que estava rodeado de beleza e amor. Senti uma felicidade genuína. Caminhamos lentamente, em grupo e com cuidado, mas com o espírito elevado, até a cidade perdida. Aprendemos uma grande lição naquela noite: nunca subestime a Mãe Natureza, e certifique-se de estar preparado, com o sono em dia, provido de muita água, roupas adequadas e suprimentos médicos para caminhadas em grandes altitudes. Uma lição bastante lógica!

Emoções são positivas ou negativas

Há um oposto para tudo nesta vida. Com o amor vem o ódio. Com a alegria vem o medo. Com o sucesso, vem o fracasso. Para todo positivo há um negativo, por isso é impossível passar pela vida sem sentir alguma forma de negatividade ou dor. A chave é não deixar que isso afete toda a sua vida. Quanto mais positiva sua vida se tornar, maior a probabilidade de a negatividade surgir, mas isso não significa deixá-la atrapalhar sua jornada rumo ao sucesso e à riqueza.

Aceite e supere a negatividade

Quando perambulava pelas ruas de Estocolmo, permitindo que as emoções negativas devorassem minha alma, levando-me à violência e ao álcool, não conseguia me conscientizar da negatividade. Portanto, não conseguia tampouco me concentrar na positividade. E por quê? Para começar, não acreditava ser possível. Em segundo, estava tão focado em me sentir isolado que não tinha noção de como minhas ações afetavam os outros. Nunca parei para pensar em como abandonar a escola, me envolver em brigas ou minhas bebedeiras poderiam afetar minha família. Se tivesse pensado em todas as coisas positivas que minha família havia me dado, talvez fosse capaz de equilibrar toda essa negatividade em minha mente. Levei anos me sentindo sozinho, isolado, indigno e desesperado, até me dar conta de quanta coisa certa havia à minha volta. Quando minha mãe me deu permissão para "ir", essa foi a maneira dela de dizer que acreditava em mim. Oferecer-me comida de graça foi a maneira de aquela senhora do restaurante me dizer que eu valia a pena. Os sinais estavam lá, embora eu estivesse envolto em aversão por mim mesmo para reconhecê-los.

Novas oportunidades são alérgicas a preocupações, frustrações, raiva, incerteza, ciúmes e medo.

Seja destemido para eliminar a negatividade

A mente tem mais de 16 mil pensamentos diários. O medo pode assolar esses pensamentos com emoções negativas.

A prática de esportes radicais (escalar montanhas, saltar de paraquedas, mergulho em cavernas) obriga a pessoa a enfrentar seus medos. Por quê? A mente está programada para sustentar sua sobrevivência.

Escale uma montanha. Literalmente

Adoro viajar pelo mundo. Isso não apenas me conecta com a natureza, como também me desafia. Os momentos mais incríveis de minha vida foram no topo de uma montanha que demorou dias para ser escalada. Todos os músculos queimam e o corpo está dolorido. Você fica tão cansado que poderia se jogar em algum lugar e dormir por dias. Assim que os primeiros raios de sol começam a brilhar no horizonte, você sente o silêncio e a quietude eterna; aquele momento único de felicidade em que você e a natureza são um, em conexão profunda e uma visão de 360 graus. Esses momentos de quietude e consciência lhe permitem apreciar a vida e compreender os mágicos presentes que ela pode lhe oferecer.

A guerra mental que você precisa suportar para subir uma montanha é uma batalha constante. Sua mente lhe diz para desistir cem vezes a cada passo. Você luta contra isso, repetindo a si mesmo: "Não desista jamais. Um passo de cada vez!". Tudo o que você precisa fazer quando quiser desistir é: dar um passo de cada vez.

Já vi vários alpinistas desistirem no primeiro dia. Escalar montanhas não é apenas um ótimo treinamento mental para mim, mas também para meus colegas. O alpinismo me ensinou que o corpo é capaz de fazer qualquer coisa, embora a mente desista antes, tentando convencê-lo a parar, dizendo-lhe que você não vai conseguir. Ela procura sempre o caminho mais fácil, mas o eu interior é mais forte que a voz dentro da mente. Isso também me ajudou a descobrir que, nos negócios, sempre há esses dois lados: um dizendo-lhe não, o outro dizendo-lhe sim. Siga o sim e não desista nunca.

Já levei diversos funcionários para escalar montanhas, algumas bem altas. Pedia que ultrapassassem os limites físicos usando o poder da mente. Sempre, ao descermos, eles se sentiam mais felizes e produtivos.

Salte do avião sem hesitar

Levei funcionários para esquiarem no Japão, escalarem um vulcão ativo na Indonésia, explorarem cavernas subterrâneas no Vietnã, saltarem de paraquedas de um avião a 4 mil metros de altitude em Dubai e escalarem as montanhas mais altas do mundo. Essas experiências valem muito mais do que nosso medo delas.

De fato, em uma das minhas empresas, tornei o salto de paraquedas de um avião algo obrigatório para os funcionários. Digo isso a eles durante a entrevista. Em princípio a maioria fica bastante apreensiva e logo dá uma desculpa para não ter de pular. A mais comum é: "Essa ideia me apavora, Andres!". Explico então que o medo é o principal motivo que impede as pessoas de serem extremamente bem-sucedidas, e, na minha empresa, quero investir no sucesso máximo dos funcionários. Explico que preciso de funcionários que aprendam a ser destemidos. Digo a eles: "Se você consegue superar o medo de saltar de um avião, o que mais há para temer? Depois disso, fica mais fácil alcançar o sucesso". Posso com certeza afirmar que, de todas as minhas empresas, as mais bem-sucedidas são aquelas com mais funcionários que saltaram de paraquedas. Há uma relação direta.

Quando saltei de paraquedas pela primeira vez não foi porque sou viciado em adrenalina – estava morrendo de medo –; foi porque queria parar de me preocupar com o medo e poder viver minha existência em sua plenitude. Foi a experiência mais transformadora de minha vida, levando-me a outras tantas oportunidades. Já não tenho medo de dizer "Sim!" quando uma oportunidade bate à minha porta. Já não tenho mais medo de cair quando dou um salto de fé nos negócios.

Quebrar limites nos torna imbatíveis no trabalho. As experiências que testam nossos sentidos, que requerem todo nosso físico e que penetram em nossa alma são as mais transformadoras. Você passa a ter total controle sobre seu emocional. Você chegou ao cume e conseguiu voltar. Você saltou e caiu livremente sem ter perecido. Os medos que antes o levavam a um lugar negativo não têm mais controle sobre você.

Pare de se preocupar

Ser destemido tem total relação a eliminar as preocupações de sua vida. Quando abri meu primeiro negócio e as coisas começaram a ir mal, passei a ficar preocupado. Preocupava-me com tudo: com as vendas necessárias para manter meus negócios funcionando, se poderia pagar meus funcionários e contas, se perderia minha casa e decepcionaria minha família. A preocupação alimenta o medo. Minhas decisões foram envolvidas por hesitação e ansiedade. Meus pensamentos ficaram turvos. O medo me paralisava; eu pensava em tudo o que poderia acontecer. Havia parado de fazer as coisas que no começo tinham me levado a ter sucesso.

Voltei aos velhos hábitos; tornei-me uma espiral de profunda negatividade, focando nas preocupações, e tive sucesso em transformar preocupações em realidade. Perdi tudo.

Quando iniciei outro negócio, decidi que a preocupação era ruim para os lucros. Não é mais uma emoção que ganhe minha atenção. Sei que ela alimenta o medo. Ficar preocupado não tira você da montanha; a ação sim, um passo de cada vez.

Em certo ponto, minha mente simplesmente parou de se preocupar porque sabia que não havia motivos para isso. Eu sabia que meu trabalho seria um sucesso. Tinha essa confiança inabalável em mim porque havia falhado e provado que poderia ter sucesso apesar do fracasso. Então, não me preocupo mais. Sou totalmente destemido porque sei que terei sucesso, ou, se falhar, aprenderei uma lição valiosa que me ajudará no futuro.

Ser uma pessoa positiva não é um dom genético; é um músculo mental que precisa ser exercitado todos os dias. Sua força depende da convicção em combater negatividade com positividade.

Cerque seus objetivos de positividade

Quando uma grande nova ideia vem à minha mente, não vou mentir: fico bastante empolgado. Gosto de agir de imediato, seja escrevendo uma lista detalhada das etapas que posso realizar na hora ou entrando em contato com pessoas que possam ajudar a colocar minha ideia em ação. Não compartilho meus sonhos com quem não os entenderia. Penso grande, e muitas vezes consigo o que a maioria das pessoas consideraria impossível.

Se eu compartilhasse meus objetivos com todos, a maioria diria que nunca serei capaz de fazer isso, ou ter aquilo, ou ser alguém que vai conquistar tudo o que quer. Esse é o tipo de negatividade que não preciso na minha vida, sobretudo quando uma grande nova ideia vem à minha mente. Minha regra de ouro quando se trata de objetivos pessoais é que só os compartilho com pessoas que possam me ajudar a alcançá-los. Muitas vezes isso inclui não compartilhar meus objetivos com minha família. Embora eu os ame, e saiba que eles sempre me apoiarão em tudo, não preciso que duvidem de mim nem por um segundo. Portanto, mantenho meus objetivos perto do coração, sem permitir que nenhum desmancha-prazeres os alcance. Quero manter a energia sempre positiva quando se trata de meus objetivos, o que em geral significa mantê-los para mim.

A maioria das pessoas é pessimista e não compreende como os 18 princípios para atrair riqueza são poderosos, nem como são fáceis de serem usados, tampouco como podem mudar sua vida quando são colocados em prática. É sempre cativante mostrar para aqueles que duvidam que posso realizar qualquer coisa na qual invista o meu foco.

Tenho certeza (sem dúvida nenhuma) de que você pode fazer o mesmo. Depois de preencher a mente com os detalhes do que quer alcançar e tomar as devidas ações, você vai provar aos céticos que eles estavam errados. Trabalhe comigo, e mostraremos como estavam errados. Não há nada mais satisfatório. Use a negatividade dos outros como combustível para o fogo que queima dentro de você; a paixão leva ao sucesso. Você consegue, não importa quão grandioso ou desafiador seja seu objetivo, independentemente do que as outras pessoas lhe digam. Em seu âmago, acredite no sucesso.

Princípio II
ACORDE ESPERANDO POR PROBLEMAS

*Se fizer o que sempre faz, vai conseguir
o que sempre consegue.*
– Tony Robbins

Grandes pensadores amam grandes problemas e de maneira rápida os transformam em grandes oportunidades. Os desafios nada mais são do que quebra-cabeças que precisam ser montados com os recursos e as ideias corretas. Os que criam o hábito de pensar grande compreendem que, enquanto juntam as peças do quebra-cabeça, os problemas aparecerão no pior momento possível. GRANDES metas e objetivos são alcançados apenas por pessoas com força de vontade e resiliência para seguir em frente quando todos os outros desistiram de fazer isso por causa das dificuldades do caminho. Os grandes pensadores transformam problemas em oportunidades ao alterarem sua perspectiva e a perspectiva das pessoas ao redor. Em outras palavras, eles primeiro veem o problema pelo que é e depois alteram sua visão dele de forma criativa a fim de que isso os ajude a pensar em novas ideias e melhores soluções.

Embora seja bem-sucedido e tenha um estilo de vida que a maioria consideraria luxuoso, não estou livre do estresse. Como dizem: "Quanto mais dinheiro, mais problemas", e, como proprietário de 19 empresas, e ainda com projetos imobiliários nas áreas mais valiosas da Tailândia, minha vida está repleta de momentos estressantes. O que faço para lidar com toda essa pressão? Acordo todas as manhãs pensando que algo terrível está prestes a acontecer.

Por que acordo de manhã esperando por problemas? Porque sei que problemas acontecem o tempo todo, então não resisto contra isso – eu aceito que, às vezes, não terei controle sobre eles.

Por isso, esse princípio pode surpreendê-lo. Talvez esteja pensado que acordo todas as manhãs preocupado com algo terrível que esteja prestes a acontecer. Mas você sabe como me tornei uma pessoa destemida e como eliminei a preocupação de minha vida. Então, por que acordar todas as manhãs esperando que ocorram problemas? Porque sei que eles acontecem, então não resisto contra isso. Aceito que as coisas aconteçam e que, às vezes, não vou ter controle sobre elas.

Cada grande e nova ideia, cada objetivo que anoto, sei que me tomarão tempo, esforço, dedicação e muitas outras coisas antes que se tornem realidade, mas posso sentir o sucesso e visualizar o resultado do meu esforço diante de mim.

Não apenas acordo esperando problemas, como também não me importo com eles. Existe sempre uma solução para todos os problemas. Eles nos forçam a ver as coisas de uma perspectiva diferente, e não importa o tamanho ou quão inesperado seja o problema, há sempre uma maneira de superá-lo. Solucionar problemas vai ajudá-lo a continuar seu aprendizado diário. Se você esperar por eles e tirar o máximo de qualquer situação inesperada, vai assegurar a capacidade de continuar aprendendo e adquirindo o conhecimento que o ajudará a ter sucesso um dia.

Se você evocar medo e preocupação quando estiver com problemas, esses sentimentos vão minar sua criatividade, impedindo-o de encontrar as soluções necessárias para superar os desafios. Sentimentos como preocupação e medo vão impedi-lo de conquistar o conhecimento necessário para seguir em frente. Esperar por problemas todas as manhãs e amar os desafios que a vida lhe traz pode ser algo benéfico, mas não nos dá uma desculpa para nutrir a preocupação e o medo. Lembre-se: você pode ser destemido, impedindo, assim, que as preocupações sejam um problema em sua vida. Problemas não são mais que situações que precedem soluções e oportunidades.

Transformando problemas em oportunidades

Embora possa soar como um disco riscado, tenho de falar sobre mentalidade positiva mais uma vez. Tudo se resume a resolver problemas, e resolver problemas está profundamente relacionado à maneira de pensarmos, ou a como você transforma problemas em soluções positivas.

Para ter sucesso e liderar em sua área de atuação, você não só precisa encontrar boas soluções, mas também ser inovador.

Tina Seelig, autora de *Regras da Criatividade: Tire as Ideias da Cabeça e Leve-as para o Mundo*, tem dado aulas de inovação na escola de engenharia da Universidade de Stanford há dezesseis anos.

"Imaginação é visualizar coisas que não existem", diz ela. "Criatividade é aplicar a imaginação para enfrentar um desafio. Inovação é usar a criatividade para gerar soluções únicas. Empreendedorismo é utilizar as inovações e amplificar as ideias, inspirando outras pessoas."[20]

Reformular um problema quando este surgir pode ajudá-lo a enxergá-lo como uma oportunidade, caso você tenha uma mentalidade positiva. O ponto-chave é manter a confiança de que será capaz de criar soluções criativas para todos os problemas; assim, solucioná-los passa a ser algo prazeroso, em vez de intimidador. Outro ponto-chave é como você reformula o problema, criando soluções positivas para ele. Gosto bastante das três técnicas de Seelig para isso: repensar a questão, debater ideias ruins e desafiar regras.

O medo vem do despreparo.

---

20 Stephanie Vozza, "Three Ways to Reframe a Problem to Find an Innovative Solution" ["Três maneiras de reformular um problema para encontrar uma solução inovadora"], 8 de setembro de 2015. Disponível em: https://www.fastcompany.com/3050265/three-ways-to-reframe-a-problem-to-find-innovative-solution. Acesso em: 28 set. 2020.

Repensar a questão

Comece por questionar as perguntas que está fazendo. Por exemplo, se estiver perguntando: "Como posso planejar uma festa para mostrar aos clientes que os aprecio sem ter de gastar muito dinheiro?", você já presumiu que é uma festa. Como alternativa, pode mudar a pergunta para: "Como posso oferecer um dia memorável aos meus clientes?". Veja que, instantaneamente, você começa a pensar em diferentes soluções. Ao reformular a questão, você tira seu foco do custo e do tempo associados a uma festa, que pode ter ainda outros problemas, como orçamento, localização, tempo e planejamento. Ao dar um novo foco à questão, altera-se a maneira de abordar a solução.

Debater ideias ruins

Ao nos depararmos com um problema, concentramo-nos apenas nas boas ideias, mas isso pode limitar nossa capacidade de resolução de problemas. Em vez disso, para encontrar soluções criativas e inovadoras, é melhor debater ideias ruins – ideias estúpidas ou ridículas. Para irmos além de respostas óbvias, o mais importante é tirar a pressão das ideias, a necessidade de que sejam "boas". Ideias ruins podem ser reavaliadas, muitas vezes transformando-se em algo único e reluzente.

Ao se deparar com um problema sério, faça uma lista rápida com o máximo de ideias ruins para solucioná-lo, no menor tempo possível. Force a si mesmo a não perder tempo tentando aperfeiçoar essas ideias. Mais tarde, você poderá pensar em como transformar as ideias ruins em boas soluções.

Um dos exemplos ensinados por Seelig em suas aulas tem a ver com a venda de biquínis na Antártida. Solicitou-se a um grupo que transformasse essa péssima ideia em uma boa solução. Após 5 minutos discutindo ideias ruins, o grupo criou um *slogan*: "Use biquíni, ou morra". Eles reformularam uma péssima ideia, levando pessoas que desejavam ficar em forma para uma viagem à Antártida para treinar. Ao final dessa árdua jornada, elas poderiam usar seu biquíni sem problema.

"Vender biquínis na Antártida parece uma péssima ideia. Mas em 5 segundos, ao olharem o problema de outra perspectiva, a equipe encontrou uma maneira de transformar essa péssima ideia em algo interessante", disse ela.

Desafiar regras

Outra maneira de reformular um problema de maneira positiva é desafiar as regras que supostamente devem ser seguidas. Pergunte: "Quais são as regras dessa indústria?". Novamente, comece fazendo uma lista das regras que devem ser seguidas para resolver o problema. Então, pense no que aconteceria se você fizesse o oposto do que as regras determinam; não é fácil fazer isso, pois estamos habituados a sempre seguir regras e premissas.

"O Cirque du Soleil contestou as premissas sobre o que é um circo. Em vez de entretenimento barato para crianças, eles o transformaram em um evento sofisticado para adultos, em igualdade com o teatro ou a ópera", diz Seelig.[21]

Adoro como a Southwest Airlines administra seu negócio.

A companhia desafiou a regra de que as companhias aéreas precisavam ter assentos fixos previamente designados. Ao eliminar a prática dos assentos designados, a Southwest abriu a possibilidade de alinhar os passageiros antes de cada voo para que pudessem escolher seus assentos ao embarcarem no avião. Essa abordagem radicalmente diferente em relação aos assentos designados gerou mais lucro para a empresa, pois ela pôde cobrar pequenas taxas para que os passageiros embarcassem no avião mais cedo e escolhessem os próprios assentos.

Utilize sua equipe para solucionar problemas

Solucionar problemas não deve ser algo assustador se você tiver como pensar neles e resolvê-los de forma criativa. Além disso, convidar sua equipe para ajudar no processo é essencial.

Sempre que surge um problema, presto muita atenção para entender como ele aconteceu e analiso a situação para evitá-lo no futuro. Na maioria das vezes reúno meus executivos para uma reunião e exponho o problema que enfrentamos na produção ou em qualquer outra parte da empresa. Deixo que discutam entre eles e também comigo sobre: Como esse problema aconteceu? O que faremos a respeito? O que podemos aprender com ele e como evitá-lo no futuro?

---

21   Ibid.

A participação dos funcionários na solução de problemas promove a formação de equipes. Eles se sentem estimulados por se envolverem em algumas das decisões. Em geral, novas e brilhantes ideias surgem quando as discutimos coletivamente. Reunidos, encontramos maneiras melhores, mais rápidas e produtivas de executar certa tarefa que, em princípio, tenha criado o problema.

Minha empresa de incorporação imobiliária estava prestes a lançar um novo empreendimento, um condomínio com 446 apartamentos a quinhentos metros de distância do mar. Eu estava pronto para assinar o contrato de compra do terreno quando outro desenvolvedor lançou um belo empreendimento a cerca de duzentos metros da praia. Como muitos de vocês devem saber, localização geralmente é o principal diferencial nos negócios imobiliários.

Reuni todos os gerentes de vendas e executivos naquele mesmo dia, pois sabia que tínhamos de decidir se iríamos ou não competir com esse outro empreendimento de melhor localização em relação à praia e com a mesma estrutura de preço que o nosso.

Comparamos as diferenças estratégicas e os benefícios do nosso projeto com o do concorrente. Examinamos a localização, o preço, as instalações e os serviços, e em cada quesito o projeto deles era um pouco melhor do que o nosso. Não arriscaríamos um empreendimento de alto custo por apenas metade das vendas após sua conclusão. Embora já tivéssemos pago uma quantia substancial a arquitetos, advogados e *designers* gráficos, decidimos abandonar o projeto. Teria sido muito arriscado (mesmo para alguém como eu, que gosta de correr riscos).

Seis semanas depois, meu arquiteto recebeu a ligação de um proprietário de um terreno dizendo que queria vendê-lo. Meu arquiteto me perguntou se poderíamos nos encontrar no dia seguinte para ver o terreno. Não achei que pudesse ser grande coisa, já que explorar terras e visitar locais diferentes é algo comum da profissão. Meu arquiteto nos levou à mesma cidade do projeto que havíamos abandonado há pouco tempo, mas não parou por ali; continuou em direção ao mar. Passamos pelo local do empreendimento do concorrente, e comecei a ficar animado. Chegamos ao nosso destino. Agora eu estava a apenas cinquenta metros da praia, em uma bela montanha com vista para o mar, um oceano azul diante de nós. O preço era razoável e não muito superior ao do projeto anterior, porque o proprietário precisava de uma venda rápida. Negociamos o preço e fechamos o negócio na semana seguinte.

Quando surgirem grandes oportunidades, é melhor agarrá-las o mais rápido possível, ou alguém vai acabar fazendo isso antes de você.

Entramos no jogo novamente! Nos meses seguintes, nossos arquitetos, advogados, engenheiros e *designers* gráficos trabalharam no novo empreendimento, que ficava a 150 metros da propriedade de nosso concorrente. Estudamos o projeto deles de ponta a ponta, almejando (e conseguindo) tornar nosso projeto ainda melhor. Hoje ele é uma das joias mais valiosas de nossa empresa.

Lançamos o empreendimento quatro meses depois do concorrente, mas vendemos todos os 446 apartamentos em seis meses. Nosso concorrente conseguiu vender apenas um terço dos apartamentos no mesmo período. Recebemos os prêmios de melhor projeto de investimento, melhor projeto de uso misto e melhor incorporadora no ano seguinte, tanto da prestigiada Thailand Property Awards quanto da organização Asia Pacific Property Awards.

Se eu não tivesse reunido meus executivos e gerentes de vendas naquele dia para analisarmos e tomarmos uma decisão juntos, poderia ter seguido em frente com o projeto inicial e ter acabado exatamente como nosso concorrente: sendo deixado para trás... literalmente. Ficamos todos muito orgulhosos por nos tornarmos a principal incorporadora imobiliária do sul da Tailândia.

Decisões precipitadas

A experiência de ter trabalhado com minha equipe no maior empreendimento imobiliário da história da empresa me ensinou que, ao enfrentar um problema ou um desafio, é importante não tomar uma decisão precipitada. É melhor não decidir do que cometer um erro. Diante de um problema, a maioria das pessoas quer tanto encontrar e implementar rapidamente uma solução que não há tempo para pensar se a solução é mesmo a melhor opção para resolver o problema. Decisões precipitadas costumam gerar mais problemas. Pode levar algum tempo até conseguirmos fazer as pesquisas necessárias para tomar uma decisão bem informada e resolver o problema, mas, repito: é melhor esperar e não tomar nenhuma decisão do que tomar a decisão errada e ter de pagar por isso depois.

Ao longo dos anos, descobri que muitas pessoas têm medo de decidir porque temem tomar a decisão errada. Elas têm tanto medo que nunca optam pela ação; portanto, nunca são capazes de progredir nem de superar desafios. Elas ficam paralisadas, incapazes de fazer qualquer coisa diante dos inevitáveis problemas trazidos pela vida. O problema é que pensamentos negativos tentam controlar nossa mente. Ideias como: "Mas e se fizer isso e perder o negócio?", ou: "E se eu tomar essa ação e incomodar meus clientes?".

Requer tempo e prática silenciar a mente, abolir todos os pensamentos negativos e se concentrar no "sim" que seu cérebro está tentando lhe dizer – no que sua voz interior está tentando falar para você. Diante de qualquer problema, silencie a mente, pense nas soluções que pode implementar ao permitir que a criatividade flua em você e não deixe que pensamentos negativos de medo ou preocupação penetrem em sua mente saudável.

Quando soluções repletas de inspiração surgirem em sua cabeça, tome as medidas necessárias para resolver os problemas e obter o devido conhecimento a fim de seguir adiante na vida.

Qualquer desafio enfrentado é uma valiosa lição. Quando meu primeiro negócio não deu certo, aprendi muito com aquela experiência. Aprendi o que não fazer na próxima tentativa. Aprendi que preciso meditar todos os dias, que preciso continuar a realizar meus objetivos e preencher meu corpo com sentimentos de amor e de felicidade. Em termos de negócios, aprendi que era mais importante conquistar clientes do que impressioná-los com um escritório grandioso, com computadores sofisticados e muitos funcionários. Aprendi o que faz uma imobiliária ser atraente para os clientes e como atendê-los e levá-los para dentro do meu escritório.

Mesmo depois de inúmeras trilhas em grandes altitudes, aquela de Machu Picchu me ensinou que, por mais preparado que eu possa estar, problemas inesperados vão aparecer.

Sempre fico grato pelos problemas e desafios que surgem em minha vida, porque sei que é apenas o universo me oferecendo a oportunidade de aprender algo de grande valor. Todo problema contém vasta riqueza de conhecimento. Não se estresse com os problemas, porque todos sabemos que eles vão acontecer. Portanto, em vez de temer os desafios, aceite que eles fazem parte da vida e comece a esperá-los. Dessa forma, quando acontecerem, você estará preparado para encontrar uma solução criativa que resultará em sucesso e mais riqueza.

Lembre-se de que você pode ficar rico apenas com o que aprendeu das experiências que enfrentou e superou. Você é capaz de fazer qualquer coisa, de triunfar sobre qualquer problema, de conquistar todo o conhecimento necessário para ter sucesso e alcançar seus objetivos.

Princípio 12

PEÇA DESCULPAS

Respeite os idosos enquanto você é jovem; ajude os fracos enquanto você é forte; reconheça quando estiver errado, porque um dia você ficará velho, fraco e errado.
– Ang Losang

Carrego essa inestimável citação bem próxima de meu coração. Eu a ouvi de um sábio monge budista chamado Ang Losang, com quem tive o privilégio de passar um tempo nas altas montanhas do Himalaia, quando estive no Nepal.

Conheci várias pessoas icônicas, bem-sucedidas e que mudaram o mundo de forma lendária, e notei que todas têm uma característica em comum: elas não têm medo de admitir que estão erradas, e tomam cuidado para nunca repetir os mesmos erros. Grandes líderes crescem aos olhos de seus seguidores ao se desculparem e fazerem as coisas de maneira diferente, ou ao não as fazerem mais. Tal comportamento faz que seus seguidores os vejam como seres humanos fortes e líderes que assumem a responsabilidade por seus erros e aprendem com eles.

Assumir a responsabilidade por nossas ações aumenta a autoestima e reduz a culpa. Pedir desculpas tem o poder de tornar humilde até mesmo o mais arrogante. É preciso ter coragem para admitir nossos erros e superar a resistência de pedir desculpas, mas isso nos leva a um profundo sentimento de autorrespeito.[22]

Nunca vou me esquecer de quando meu chefe do telemarketing gritou comigo por um erro que cometi. Eu não queria perder o emprego, mesmo odiando trabalhar naquele lugar. Prontamente me desculpei, mas por dentro estava fervilhando. Não fiz nada de muito grave para merecer aquele tipo de abordagem na frente dos colegas de trabalho. Na minha opinião, ele estava errado, e minhas desculpas foram tão somente a maneira mais rápida de terminar com aquele conflito. Ele deveria ter

---

22 Michael Rennier, "The Life-Changing Benefits of a Good Apology" ["Os benefícios transformadores de um bom pedido de desculpas"], Aletia.org, 22 de julho de 2018. Disponível em: https://aleteia.org/2018/07/22/the-life-changing-benefits-of-a-good-apology/. Acesso em: 28 set. 2020.

pedido desculpas por ter gritado comigo, independentemente de eu ter cometido um erro ou não. Sempre me lembro de como aquele momento me fez sentir em relação ao trabalho, ao meu lugar na empresa e à minha capacidade de ser bem-sucedido naquele lugar. Eu não era digno nem sequer de um pedido de desculpas.

Quando abri minha empresa, nunca quis cometer esse erro de não admitir quando estou errado e não me desculpar. Desejo sempre que as pessoas ao meu redor se sintam valorizadas; isso me faz refletir e ser mais humilde.

Muitas pessoas têm dificuldades em pedir desculpas, e nem todos os nossos pensamentos e sentimentos sobre esse assunto são congruentes. Talvez tenhamos sido forçados a pedir desculpas quando éramos crianças. Talvez na adolescência tínhamos de sentir vergonha por estarmos errados e ficávamos constrangidos ao pedir desculpas.

Para algumas pessoas, o ato de se desculpar as torna inadequadas – ainda que tenham cometido um erro, esse ato parece estar inerentemente errado. Talvez você acredite que, se pedir desculpas logo após uma discussão, acabará admitindo culpa e total responsabilidade pelo conflito. Talvez, para você, pedir desculpas passa a impressão de que a outra pessoa não tem nenhuma parcela de responsabilidade na situação.

Um pedido de desculpas sincero e adequado costuma evitar todas essas questões, servindo apenas para firmar uma resolução, reestabelecer os valores compartilhados e restaurar sentimentos positivos.

Quando há um mal-entendido entre mim e meus funcionários, sou o primeiro a pedir desculpas e dizer que foi minha culpa, que talvez eu não tenha sido claro o suficiente sobre certa situação, regra ou fato. Mesmo quando não estiver errado, um pedido de desculpas pode mudar toda a energia de uma situação.

Pergunto à equipe ou ao grupo de funcionários: "Como podemos garantir que isso não volte a acontecer?". Também lhes asseguro que serei mais claro e darei mais informações da próxima vez que certo tópico ou situação surgir. Sempre que encerro uma reunião que tenha envolvido uma situação negativa, gosto de dizer: "Vamos aprender com essa situação e garantir que ela nunca mais volte a acontecer".

Desculpar-se nem sempre significa que você está errado e o outro, certo. Significa apenas que você valoriza mais seu relacionamento do que seu ego.
– Mark Mathers

Coloque boas energias no pedido de desculpas

Não sou perfeito, de modo algum. Já cometi muitos erros e deixei investidores insatisfeitos com o resultado de algum projeto. Quando isso acontece, faço questão de me encontrar com o investidor o mais rápido possível e descobrir um jeito de mudar a situação, para continuarmos com uma boa relação profissional. Na maioria das vezes, tento ser completamente honesto sobre o que está acontecendo com o projeto, para conseguir trabalhar com o investidor e, assim, ver mudanças positivas acontecerem. Uma reunião frente a frente restaura a boa energia por ser muito mais pessoal que um telefonema ou um *e-mail*. Encontrar alguém pessoalmente permite que a energia negativa se transforme em energia benéfica e que a animosidade desapareça. Tento sempre fazer algo a mais pelo investidor, para ajudar a consolidar nosso vínculo.

Quando um de meus clientes não está satisfeito com algo que minha empresa fez ou deixou de fazer, tento sempre restaurar o relacionamento profissional fazendo ainda mais por ele. Quero mostrar a cada cliente e investidor com quem trabalho que sou o melhor incorporador da Tailândia; quero demonstrar que trabalhar com minha equipe nos projetos é prazeroso. Isso mantém o investimento que fazem em meus projetos, e também que me recomendem aos amigos. Não me conformo com o básico. Certifico-me de que todos os empreendimentos sejam bem-feitos a fim de honrar o esforço de meus investidores, e isso ocorre porque estou disposto a me desculpar e a corrigir eventuais problemas, para garantir em seguida que tal questão não voltará mais a acontecer.

Somos todos capazes de ser humildes, de encontrar soluções criativas para os desafios; portanto, quando cometer um erro, esteja disposto a admiti-lo e fazer o que for necessário para acertar as coisas. Não há covardia em admitir uma falha. É preciso ser forte para fazer isso; aliás, para fazer tudo o que estiver a seu alcance para corrigir o erro, impedindo que ele ocorra de novo. Meus clientes e investidores veem esse indivíduo poderoso em mim, e todos os meus funcionários também. Sou um líder para todos e não apenas para quem trabalha para mim. Sou líder no meu setor, e todos os meus concorrentes podem reconhecer essa característica, sabendo que, se eu tiver responsabilidade em alguma coisa, cumprirei com minha palavra e assegurarei que todos os meus negócios sejam bem-sucedidos e realizados com excelência.

Pedir desculpas nos permite discutir como serão as "regras" daquele momento em diante, em especial se uma nova regra for necessária, o que pode ser o caso quando você não tem a intenção de machucar a outra pessoa. Se você se importa com seus relacionamentos, e pode evitar ofender a outra pessoa no futuro, um pedido de desculpas costuma ser uma boa ideia.

Semelhante à lei da doação vibracional, as desculpas devem vir com uma emoção positiva e sem nenhuma expectativa de se receber um pedido de desculpas em troca.

Desculpas que não sejam sinceras podem ser uma forma de evitar a culpa. Por exemplo, uma pessoa pública escreve *tweets* insensíveis e, depois de receber críticas por seu comentário, escreve: "Meus comentários podem ter sido insensíveis e inoportunos. Por isso, peço desculpas".

Esse pedido de desculpas foi uma tentativa de se esquivar da responsabilidade. Além de não ter sido sincero, não apontou qual foi o erro. Se fosse comigo, continuaria me sentindo ofendido.

Benefícios de se pedir desculpas

Dever desculpas a alguém nos afeta física e mentalmente. Reviramo-nos de um lado para o outro na cama à noite; podemos sentir um aperto no peito; podemos comer mais, ou beber mais do que deveríamos, ou até mesmo sentir dores de cabeça.

Pedir desculpas afeta não apenas o corpo, mas também a mente. Pode diminuir a incidência de depressão e ansiedade, e ajuda a resgatar relacionamentos passados. Rancores antigos criam bagagem e continuam a afetar novos relacionamentos. Às vezes sinto-me tentado a não pedir desculpas porque acho que nunca mais vou ver a pessoa e o problema vai acabar desaparecendo; porém, isso cria um conflito interno, que aparece na forma de pensamentos negativos e em dúvidas a seu próprio respeito.

Uma instituição que comprovou os benefícios de aprender a se desculpar é o Alcoólicos Anônimos. Durante as reuniões de apoio do AA, os membros aprendem os doze passos, que consistem em fazer um inventário moral e corrigir erros do passado. O nono passo é fazer reparações. Os membros do AA afirmam que uma autoanálise honesta e destemida dos erros do passado é essencial para a recuperação.

Desculpar-se é uma habilidade

Ang Losang, aquele sábio monge budista, conversou comigo a respeito de encontrar a paz interior em um mundo agitado, de me abrir para sentir a genuína felicidade e de impedir que a negatividade ocultasse meus julgamentos e minhas ações. Meu tempo com esse monge, até hoje, continua sendo uma das experiências mais transformadoras de toda a minha vida. Ele disse:

– Respeite os idosos enquanto você é jovem; ajude os fracos enquanto você é forte; reconheça quando estiver errado, porque um dia você ficará velho, fraco e errado.

Tanto na vida quanto nos negócios, esse é um conselho incrível. Ele abrange aspectos para atrair riqueza e princípios para criar as oportunidades ilimitadas pelas quais vivo e que ensino. Quando olho para minha vida, vejo onde esses conselhos foram úteis, trazendo-me benefícios. Para mim, aprender a admitir meus erros com sinceridade e a emoção certa fez uma diferença significativa para meu sucesso.

Você deve se lembrar de quando a atriz Reese Witherspoon foi flagrada sendo rude com um policial que suspeitava que ela e o marido estavam dirigindo embriagados. Quando Witherspoon apareceu no programa *Good Morning America*, ela disse: "Saímos para jantar em Atlanta, tomamos algumas taças de vinho e pensamos que estávamos bem para dirigir, mas não estávamos. É completamente inaceitável; estamos envergonhados e sentimos muito. Sabemos que não deveríamos ter feito isso". A América a perdoou imediatamente. Por quê?

O pedido de desculpas de Witherspoon seguiu três passos simples:

Primeiro, seja honesto sobre seu erro. Assuma total responsabilidade e não tente justificá-lo ou explicá-lo.

Segundo, não tenha a pretensão de que outra pessoa tenha feito algo errado; não culpe os outros pelo que aconteceu.

Terceiro, não deixe a situação persistir. Peça perdão o mais rápido possível, sem se preocupar muito com o constrangimento que isso possa causar.

Desenvolver a habilidade de pedir desculpas é uma das melhores maneiras de continuar a atrair novas oportunidades para sua vida, porque o fará seguir em frente sem se sentir sobrecarregado como o fardo do erro, mantendo-se assim aberto também para receber um pedido de desculpas dos outros. Quanto mais desenvolver essa habilidade, mais riqueza terá nos negócios, nos relacionamentos e em sua própria experiência interior.

Princípio 13
CORPO SAUDÁVEL, MENTE FORTE

Cuide de seu corpo. É o único lugar que você tem para morar.
– Jim Rohn

Como você já deve ter percebido durante a leitura deste livro, adoro me manter ativo. Dou prioridade a isso, seja fazendo uma trilha ou apenas indo à academia. Descobri muitos benefícios em ser uma pessoa ativa e em manter a forma. A vida pode nos deixar tão ocupados que muitas vezes nos colocamos em segundo plano. Ficar em boa forma é uma prática de amor-próprio que lhe garante cuidado, tanto físico quanto mental. Quando você cuida do corpo com exercícios e uma dieta saudável, também fortalece a mente, tornando-se assim mais receptivo para atrair riqueza e novas oportunidades para sua vida.

Gosto de escalar montanhas, saltar de paraquedas e de *bungee jump*, esquiar, fazer musculação e jogar futebol. Escalei as montanhas do Himalaia, experiência que se tornou a inspiração para nomear um de meus projetos em desenvolvimento de Grande Himalaia. Eu realmente acredito que a adrenalina e o perigo de uma aventura são melhores que mil dias de tranquilidade.

Sempre que vou à academia, seja para levantar peso ou fazer exercícios aeróbicos, costumo ter ideias criativas e a motivação necessária para seguir em frente com os objetivos que tracei. Você ganha confiança ao se exercitar, sentindo-se mais forte e saudável. Além disso, é também uma ótima maneira de aliviar o estresse, a ansiedade, e deixar de lado as preocupações. Pessoas que fazem exercícios físicos com regularidade se sentem bem após o treino. Movimentar o corpo aumenta os níveis de energia e felicidade. É por isso que quem tem o hábito de ir à academia volta sempre, para buscar mais. Essas pessoas conhecem a sensação de bem-estar que a prática da atividade física proporciona. Com um corpo bonito e saudável, a autoconfiança aumenta.

A sensação de alegria promovida pela prática de atividade física está relacionada à liberação de endorfina no organismo.

A endorfina está associada ao sistema de recompensa do cérebro, assim como comer e beber. A endorfina também aumenta o limiar de dor e estresse, propiciando a sensação de bem-estar após a prática de exercícios. Algumas pessoas, assim como eu, podem ficar viciadas nessa sensação. Assim como drogas farmacêuticas podem ser viciantes, o mesmo ocorre quando fazemos exercícios físicos – sentimos uma sensação agradável de felicidade, tranquilidade e confiança, mas sem os efeitos colaterais desagradáveis do vício em drogas, é claro.

Já expliquei antes como abri minha academia. Trata-se de um clube *fitness* que conta com equipamentos de última geração, aparelhos para exercícios aeróbicos, saunas seca e a vapor e aulas diárias de ginástica, dança, yoga, artes marciais e treinamento de alta intensidade. Sempre incentivo meus funcionários a se manterem saudáveis e a treinar sempre que possível. Faço reuniões matinais no clube para unir funcionários que trabalham em outros setores ou em outras empresas. É uma ótima maneira de manter a motivação em alta em todas as minhas empresas. Costumo distribuir passes e matrículas gratuitas, além de oferecer ótimas promoções para que meus funcionários mantenham uma rotina regular de exercícios. Vale a pena.

Um estilo de vida saudável não muda apenas o corpo, mas também a mente, as atitudes e o humor.

Focar na melhoria do corpo vai obrigá-lo a se concentrar na mente e no espírito.

Pessoas bem-sucedidas priorizam o exercício

Um de meus princípios para atrair riqueza versa sobre imitar pessoas e modelos de negócio de sucesso. Quando comecei a me esforçar ainda mais para alcançar as 101 metas que estabeleço para mim todo ano, pesquisei os hábitos de outras pessoas que são muito bem-sucedidas. Como elas conseguiam fazer tantas coisas no mesmo período de 24 horas que eu tinha? Como faziam proliferar as grandes ideias? Em qualquer área, estude os hábitos das pessoas bem-sucedidas e descobrirá a fórmula para o sucesso.

Pesquisei sobre o foco dado à atividade física no caso de algumas das pessoas mais bem-sucedidas do mundo:[23]

- Mark Zuckerberg, fundador e CEO do Facebook, se exercita pelo menos três dias por semana, geralmente saindo para correr com o cachorro logo pela manhã. Ele se tornou um dos bilionários mais jovens do mundo.
- Richard Branson, fundador do Virgin Group, acorda às cinco horas para praticar *kitesurf*, nadar ou jogar tênis. Ele afirma que consegue quatro horas a mais de produtividade todos os dias mantendo um cronograma consistente de exercícios físicos. Possui mais de trezentas empresas.
- Condoleeza Rice, ex-secretária de Estado dos Estados Unidos, acorda às quatro e meia da manhã para fazer 40 minutos de exercício aeróbico; em geral, corre na esteira ou se

---

[23] Andrew Merle, "The Exercise Habits of Ultra-Successful People" ["Os hábitos de treino físico das pessoas muito bem-sucedidas", 19 de outubro de 2017. Disponível em: https://medium.com/@andrewmerle/the-exercise-habits-of-ultra-successful-people-37f770cdbea0. Acesso em: 28 set. 2020.

exercita no aparelho elíptico. Ela se tornou uma das figuras políticas mais importantes da história dos Estados Unidos.
- Barack Obama, ex-presidente dos Estados Unidos, se exercita por 45 minutos por dia, seis dias por semana. Ele faz os exercícios logo pela de manhã, alternando entre levantar pesos em um dia e fazer exercícios aeróbicos no outro. Não só foi o homem mais poderoso do mundo por oito anos, mas também é um pai exemplar, grande palestrante e autor.
- Mark Cuban, proprietário do Dallas Mavericks da NBA, faz uma hora de exercício aeróbico por dia, seis a sete dias por semana. Ele se exercita no aparelho elíptico e no *stairmaster* (esteira de degraus), joga basquete e faz aulas de *kickboxing*, além de fazer exercícios aeróbicos na academia. Faz parte do popular programa de televisão *Shark Tank*, sendo um investidor mundial de *startups*.
- Tim Cook, CEO da Apple, acorda às quatro e meia da manhã e vai à academia várias vezes por semana. Também gosta de andar de bicicleta e fazer escalações. A Apple continua a ser líder global de inovação em tecnologia emergente.

Quanto mais pesquiso sobre as pessoas mais bem-sucedidas do mundo, mais coisas em comum eu descubro. Elas começam o dia cedo, priorizam os exercícios físicos e variam bastante a rotina. Fiquei fascinado com isso, mas precisei enfrentar um problema. Quem me conhece sabe que não sou uma pessoa matutina. Meu relógio biológico não está programado para acordar cedo. Então, o pensamento de me exercitar antes das seis horas não é algo que me anime.

O dr. John Ratey, um dos principais especialistas da área, escreveu um *best-seller* sobre o tema chamado *Spark: The Revolutionary New Science of Exercise and the Brain*.

No livro, Ratey chama a prática de se exercitar de "a mais poderosa ferramenta necessária para otimizar sua funcionalidade cerebral".[24]

Ele ressalta que o exercício ajuda a:

- melhorar a capacidade de aprendizado e desenvolver as células cerebrais;
- aliviar o estresse, a raiva, a ansiedade e a depressão;
- aumentar o foco, a atenção e a concentração; e
- reduzir o risco de ter distúrbios relacionados ao envelhecimento, como Alzheimer, Parkinson e outras formas de demência.

Além disso, ele detalha o melhor programa de exercícios para otimizar o desempenho cerebral:

- No mínimo, devemos fazer alguma atividade aeróbica de intensidade moderada por 30 minutos por pelo menos cinco dias por semana. Para exercício aeróbico, atividades como corrida, ciclismo ou natação são excelentes, mas o melhor tipo de atividade aeróbica é aquela que você pode incorporar, de fato, ao seu estilo de vida. Se estiver sem

---

[24] John Ratey, *Spark: The Revolutionary New Science of Exercise and the Brain* (Boston, Massachusetts: Little, Brown and Company, 2008).

fazer atividades físicas há algum tempo, a melhor maneira de começar é caminhando.
- O melhor é fazer alguma atividade aeróbica seis dias por semana, de 45 minutos a uma hora. Certifique-se de não fazer exercícios de alta intensidade em dias consecutivos para que seu corpo e seu cérebro se recuperem.
- Adicione alguma forma de treinamento de força ou resistência para ganhar músculos, fortalecer os ossos e proteger as articulações.
- Fazer atividades complexas vai ajudar no desenvolvimento de habilidades, desafiará o cérebro e auxiliará na agilidade – por exemplo, escaladas, artes marciais, ginástica, dança, yoga, pilates ou exercícios de equilíbrio. Os esportes com raquete são bons porque estimulam simultaneamente o sistema cardiovascular e o cérebro. A combinação de desafiar a mente e o corpo tem impacto significativamente mais positivo do que apenas o exercício aeróbico.
- Considere fazer parte de um grupo que se reúne para praticar exercícios; isso pode ajudar no começo a mantê-lo no caminho certo. A interação social é excelente para a saúde, reduz o estresse e aumenta a motivação.

Ele nos aconselha a fazer exercícios quase todos os dias, mas tentando manter o cronograma de exercícios flexível para a entrada de novas atividades. Ele enfatiza ainda os benefícios de atividades complexas como artes marciais, yoga, ginástica ou escalada, sem apontar, contudo, a necessidade de nos exercitarmos logo pela manhã. Para mim, isso fez toda a diferença, e comecei a agendar intervalos durante o dia para me exercitar, o que sempre carrega minha bateria mental. Como já tive depressão no passado, quando comecei a fazer exercícios com regularidade, percebi os efeitos positivos no cérebro e no meu humor. Quanto melhor minha forma física, mais forte se torna minha acuidade mental e capacidade de concentração. Não há dúvida de que a atividade física é extremamente poderosa para a mente e o corpo.

Ficamos acordados pelo menos dezesseis horas por dia. Passar apenas uma hora (ou meia hora) se exercitando será a coisa mais importante que você vai fazer no dia todo!

Faça exercícios que tenham a ver com você

Fazer exercícios não significa necessariamente frequentar aulas de ginástica ou ir à academia para levantar pesos. Você pode entrar em um time e ir aos treinos e jogos de final de semana. Se não for um grande fã dos esportes, talvez haja um belo parque no caminho de volta do trabalho para sua casa. Aproveite para parar nele e fazer uma caminhada de uns 30 minutos, permitindo que a tensão e o estresse do dia deixem seu corpo antes de voltar para sua família. Ou talvez no passado seu desejo fosse ser um professor de yoga. Ao tentar seguir esse sonho, você não apenas se exercitará, mas também vai dedicar seu tempo a se manter ativo para realizar o negócio dos seus sonhos. Faça exercícios que tenham a ver com você, pois assim, quando reservar um tempo do seu dia para fazer algo que vá beneficiá-lo, você também estará no caminho para alcançar aquilo que deseja, seja fazer mais amigos, ser faixa-preta em *taekwondo* ou obter uma certificação para dar aulas de determinada atividade física.

A prática de atividades físicas traz inúmeros benefícios. Quando adquirir o hábito de se manter ativo, exercitando tanto o corpo como a mente, você vai descobrir que fica muito mais fácil conquistar seus objetivos. Ficará também mais bem preparado para os desafios da vida, concentrando-se em encontrar soluções criativas e tendo mais energia e determinação para suportar os obstáculos que surgirem em sua trilha rumo ao sucesso. Você visualizará seus objetivos com mais clareza e poderá se ver vitorioso, envolvido pelos sentimentos positivos que aparecem quando atingimos o que desejamos. Você será capaz de trabalhar arduamente e por mais tempo para alcançar com rapidez seus objetivos, porque desenvolveu resistência ao se exercitar e, no âmbito biológico, está liberando hormônios de bem-estar que o impulsionarão ainda mais.

Não importa o tipo de exercício ou atividade física que você decida começar, meu conselho é que nunca pare ou desista. Você sempre vai estar ocupado. Nunca chegará o momento perfeito para começar uma atividade física nova. Tudo se resume apenas à ação; a tornar os exercícios uma prioridade em sua vida e a manter o hábito de praticar o amor-próprio, colocando-se em primeiro lugar, para garantir que você seja saudável e feliz. A vida vai continuar mudando as coisas ao seu redor, mas nunca tire os exercícios da rotina para economizar um pouco de tempo no seu dia. Lembre-se: você não precisa ir à academia todos os dias. Uma simples caminhada na volta para casa já é suficiente para melhorar a si mesmo e ter sucesso na vida.

Princípio 14
PAGUE MAIS, DÊ MAIS, FIQUE COM MAIS

Crescemos quando levantamos os outros.
– Robert G. Ingersoll

O autor do livro *Pai Rico, Pai Pobre*, Robert Kiyosaki,[25] diz: "A riqueza é medida em dinheiro, mas o patrimônio é medido ao longo do tempo. A maioria das pessoas foca em ficar rico, não em criar um patrimônio gerador de riqueza".

Concordo.

Um dos "segredos" sobre o qual você não ouve falar quanto a atrair riqueza diz respeito a como mantê-la depois de conquistá-la. Tanto na vida quanto nos negócios, a riqueza não é apenas quanto dinheiro você tem, mas principalmente quão leal e comprometida é sua equipe, e quanto tempo livre você tem para gastar com suas paixões fora do trabalho. Aprendi a mensurar minha riqueza em termos de equipes alegres, tempo livre e benefícios intangíveis.

Depois de administrar dezenas de empresas de sucesso, aprendi o conceito de: "Pague mais, dê mais, fique com mais".

- *Pague mais* do que a expectativa ao recompensar sua equipe e seus vendedores, pois eles prestarão mais atenção aos detalhes, e são esses detalhes que os clientes consideram valiosos.
- *Dê mais* em compensação pessoal à sua equipe, a vendedores e clientes, e não apenas compensações financeiras.
- *Fique com mais* tempo para você ao administrar sua equipe, vendedores e clientes de maneira remota.

---

25 Robert Kiyosaki, *Rich Dad, Poor Dad* (First Borders Editiitons: 2009).

Pague mais

Em suma: se você deseja o melhor para o seu negócio, certifique-se de estar trabalhando com os melhores. Trabalhar com os melhores exige que você pague mais por eles.

Nosso maior investidor, que comprou mais de 136 propriedades, uma vez nos disse que nos escolheu depois de visitar nossos concorrentes. Seu motivo era simples:

– Sua empresa e seus funcionários dão atenção extra aos detalhes; isso me garantiu que você fosse a escolha certa.

Se a empresa busca maximizar o lucro, ela se concentra em cortar despesas sempre que possível – entre elas, os salários dos funcionários. A verdade é que a maioria das empresas paga aos funcionários o mínimo possível. E essa é a maneira perfeita de incentivar os trabalhadores a fornecerem, em troca, também o menor esforço possível. Trata-se de um modo retrógrado de pensar em compensação salarial. A mentalidade de obter lucro pagando o mínimo salário possível enfraquece o desempenho e o engajamento dos funcionários, além de prejudicar os resultados.

O resultado de pagar mais

Quando funcionários e vendedores não estão preocupados com dinheiro, eles se concentram nos detalhes, e nos detalhes corretos. Isso economiza dinheiro e aumenta a satisfação do cliente. Eis aqui os benefícios de se pagar mais:[26]

---

[26] Michal Addady, "Study: Being Happy at Work Really Makes You More Productive" ["Estudo: ser feliz no trabalho realmente o torna mais produtivo"], *Fortune*, 29 de outubro

- Grandes pessoas não trabalham por salários ruins. Elas são inteligentes e sabem seu valor; isso é parte do que as torna excepcionais. Se você pesca em barril, peixes de barril é tudo o que conseguirá.
- Se deseja que as pessoas desempenhem seu trabalho em alto nível, estabeleça metas mais altas. Você não pode esperar pelo melhor desempenho quando tem baixas expectativas. Se pagar um salário generoso aos funcionários, poderá esperar mais deles e poderá mantê-los em alto nível. Assim eles mesmos vão esperar mais de si.
- Segundo pesquisas, funcionários felizes são 12% mais produtivos que seus colegas menos entusiasmados.
- Pagar mais mantém a lealdade dos seus melhores funcionários.
- Os consumidores adoram fazer negócios com empresas que tratam bem seus funcionários. Quando você interage com um funcionário que não se importa com seu trabalho, isso é perceptível, além de desagradável.

A lição aprendida por pagar menos

Em um de meus primeiros grandes projetos, negociei de maneira rigorosa e consegui os valores mais baixos de uma empreiteira local. Os problemas começaram quando os arquitetos que contratei não conseguiram produzir os desenhos nem os projetos dentro do prazo. Eles não tinham funcionários suficientes, tampouco engenheiros qualificados, devido ao orçamento que eu havia negociado com eles. Acabaram

---

de 2015. Disponível em: http://fortune.com/2015/10/29/happy-productivity-work/. Acesso em: 28 set. 2020.

terceirizando o trabalho, o que resultou em mais atrasos e mais desafios. Como estavam recebendo muito pouco pelo serviço, arquitetos, *designers* e todo mundo que eu contratei produziram trabalhos de baixa qualidade, usando materiais baratos. Consertar o trabalho acabou me custando muito mais no longo prazo, levando em conta que precisei desconsiderar tudo e recomeçar do zero.

Ao negociar valores mais baixos, fiz que todos cortassem certas despesas para manter parte do lucro para si.

Você pode pagar mais?

Mito dos negócios: pequenas empresas não podem arcar com o luxo de contratar os melhores profissionais porque estão focadas em não criar dívidas e em aumentar a margem de lucro.

Realidade dos negócios: não se trata de administrar uma empresa com mentalidade de escassez. Pague pouco e vai receber por aquilo que pagou. Ao trocar essa mentalidade para uma de mais abundância, você pode começar a tomar as medidas necessárias para contratar os melhores e, por sua vez, obter melhores resultados, o que produzirá mais receita e clientes mais satisfeitos, sem mencionar mais tempo livre para você. Talvez você não possa pagar muito no começo – é nesse caso que dar mais pode ajudar drasticamente.

Dê mais

"Dar mais" significa dar mais do que apenas dinheiro aos funcionários, para estimular níveis mais altos de satisfação no trabalho. "Dar mais" pode ser em forma de benefícios, bônus, educação, incentivos, responsabilidade ou propriedade compartilhada; qualquer coisa que tenha valor para os funcionários e não esteja relacionada ao salário deles.

As pessoas só se motivam pelo dinheiro até certo ponto. Eu já sabia disso, considerando todos os meus fracassados começos na vida. Como espécie, desejamos coisas que o dinheiro não pode comprar, como se sentir valorizado, apreciado e reconhecido. É por isso que devemos "dar mais".

Consegui que os profissionais mais competentes do setor se juntassem à minha equipe, não apenas pelos salários ou melhores benefícios, mas por oferecermos um excelente ambiente de trabalho em equipe, inspiração para se desenvolverem, educação para se tornarem pessoas mais felizes e bem-sucedidas, além de maiores chances de crescimento. Se quiser os melhores profissionais trabalhando para você, certifique-se de oferecer algo que o diferencie dos concorrentes. Eles precisam saber que trabalhar com você é a melhor opção pessoal e profissional.

Se conhecer bem seus funcionários, você vai saber como criar situações de "dar mais" que os motivem e que não lhe custem tanto. Você pode implementar um, dois ou mais benefícios não financeiros no pacote de um funcionário que agreguem enorme valor. Por exemplo:

- horários flexíveis;
- licença remunerada para desenvolvimento pessoal ou familiar;
- treinamento diversificado;
- aulas *on-line*;

- programas de bem-estar no local de trabalho;
- seminários motivacionais;
- programas de bônus estruturados; e/ou
- ações da empresa.

Acredite, confie e dê espaço

Os funcionários querem ter autonomia; sua confiança na capacidade deles de tomar decisões pode ser mais valiosa do que dinheiro em muitos aspectos. Uma das maneiras de construir essa confiança é permitir que trabalhem em funções para as quais não foram contratados a princípio; isso mostra que você acredita que sejam capazes de realizar novas funções. Ao dar aos funcionários mais responsabilidade para que tomem decisões sem medo de errar, você constrói confiança. Ao permitir que resolvam problemas, você sinaliza que eles têm competência para serem líderes. Essas são maneiras bastante poderosas de conquistar funcionários leais, que colocarão os interesses da empresa em primeiro lugar.

Ao desenvolver um novo negócio, não costumo contratar gerentes logo no início. Faço os funcionários trabalharem como equipe para alcançar o sucesso, tendo eu como líder, servindo-lhes de exemplo e estabelecendo como espero que os negócios funcionem. É um modelo de negócios muito poderoso, que utilizo em todas as minhas empresas.

Uma vez que a equipe esteja montada e que eu tenha observado o desempenho de todos individualmente, escolho um ou dois que demonstrem fortes habilidades de liderança e que tiveram bom desempenho sob pressão, incentivando os colegas a serem bem-sucedidos. Também escolho aqueles em quem posso confiar, que vão sempre motivar a equipe para que todos progridam. É difícil dizer como vai ser o desempenho de alguém com base apenas em seu currículo, mas, quando você o coloca em situações reais de trabalho, pode ver como essa pessoa trabalha.

Não desejo que meus gerentes pensem que são o inimigo por serem novos no projeto e não conhecerem a equipe. Quando se trata de trabalhar com os melhores, você deve utilizar os profissionais que já conhece e sabe que são os melhores de sua empresa; isso dá credibilidade, confiança e espaço para que esses funcionários cruciais assumam funções importantes de gestão. Depositar mais fé, confiança e dar espaço é incrivelmente recompensador.

Aplicar essa estratégia me concedeu os melhores funcionários do setor, dos campeões de vendas aos mais talentosos executivos de marketing, além de contadores, pessoas da área de finanças e *trainees*. Pagar mais aos funcionários e oferecer estímulos para que se mantenham motivados e leais é uma combinação incrível.

Pagamos um alto preço – pessoal e coletivo – quando tratamos o engajamento do funcionário e a lucratividade da empresa como questões independentes.
– Arianna Huffington

Crie propósito para motivar os funcionários

Quando você cria motivação para os funcionários baseada em um objetivo comum, você se depara com o que chamo de "Estrela do Norte". Ter uma estrela-guia ou orientar os princípios motivacionais é fundamental para gerar envolvimento dos funcionários.[27] Em minhas empresas, faço questão de contratar pessoas mais abertas a experimentar coisas novas; nem sempre é a razão pela qual contrato um funcionário, mas é uma consideração relevante. Minha equipe tem muitos *millennials*, que costumam ter o desejo de se conectar a um objetivo mais significativo do que a remuneração pelo trabalho. Eles querem oportunidades para desenvolver seu potencial e preferem bonificações por bom desempenho que explorem suas verdadeiras motivações. O propósito se tornou o diferencial de mercado mais importante de nosso tempo – assim como também a ferramenta mais preciosa de recrutamento e retenção de talentos.

Um dos meus exemplos favoritos é o da Southwest Airlines (que já citei antes). Há mais de quarenta anos, ela divide os lucros da empresa com sua força de trabalho. Toda semana, o CEO Gary Kelly elogia publicamente os funcionários que fizeram um esforço extra para atender os clientes. A revista de bordo das companhias aéreas, *Southwest Spirit*, apresenta funcionários que se destacam, enquanto em solo a companhia compartilha vídeos internos que captam a alma da empresa. O propósito nunca foi tema da campanha de marketing da companhia aérea. Ele é a Estrela do Norte que guia as decisões e o comportamento cotidiano de toda a força de

---

27   Charlie Brown, "Keys to Earning Sustained Loyalty From Your Employees" ["Pontos-chave para conquistar a lealdade dos funcionários no longo prazo"], 21 de junho de 2018, ChiefExecutve.com. Disponível em: https://chiefexecutive.net/keys-to-earning-sustained-loyalty-from-your-employees/. Acesso em: 28 set. 2020.

trabalho da Southwest. A empresa operacionalizou seu propósito por toda a sua cultura, vinculando serviços excepcionais aos lucros. Igualmente importante, ela usou o poder da narrativa de uma história para recompensar os funcionários que se destacam, incorporando o propósito ao longo da jornada do funcionário. Acredito muito no princípio "dar mais".

Quando criamos mais engajamento – estratégias fundamentadas em propósito e alinhadas às aspirações dos funcionários –, criam-se também produtividade, lealdade e equipes com alto desempenho.

Fique com mais

Um dos fatores críticos para manter a riqueza que você atrai para sua vida é ter tempo suficiente para refletir sobre ela, apreciá-la e dar sequência às práticas que tornaram possível seu sucesso.

Refletir sobre sua riqueza é muito importante porque vai ajudá-lo a sentir gratidão, a saber como usá-la da melhor maneira e a pensar sobre as coisas que você precisa fazer para mantê-la. A reflexão requer tempo, tal como no Princípio 4.

Desfrutar de sua riqueza, tanto monetária quanto intangível, também requer tempo – tempo livre. Tempo livre significa se desconectar física e mentalmente das responsabilidades a fim de utilizar seu tempo livre para desfrutar da família, dos amigos e de boas experiências, além de desenvolvimento pessoal sem as amarras mentais do seu negócio; isso é essencial para o sucesso no longo prazo.

Continuar com as práticas que o tornaram rico também é fundamental. Quando me sinto sobrecarregado pelos meus negócios (em geral, devido ao microgerenciamento), não tenho mais tempo para pensar, estabelecer metas, visualizar, permanecer fisicamente ativo e tomar ações inspiradoras – todas as coisas que me ajudaram a atrair riqueza e oportunidades, para começo de conversa.

Se não conseguir tempo para se afastar, a fim de não ficar envolvido nos negócios o tempo todo, estará sempre perseguindo a riqueza – o oposto de atraí-la. É importante classificar seu tempo livre como prioridade máxima, assim como atrair e reter os melhores funcionários. Ter mais tempo livre significa não estar sempre à frente das suas bem remuneradas equipes.

O microgerenciamento rouba seu tempo

O microgerenciamento é um dos hábitos mais prejudiciais que um líder, empreendedor ou executivo de negócios pode ter. Ele vai contra os princípios de dar mais e ficar com mais. As equipes ficam atoladas em procedimentos trabalhosos, e cria-se então um péssimo ambiente de trabalho. Grupos que se adaptam ao estilo do microgerenciamento são rebeldes ocultos ou infelizes, incapazes de tomar decisões próprias. Bonificações são cada vez menos relevantes nessa espiral descendente.[28]

O microgerenciamento vai fazê-lo apenas apagar incêndios, em vez de estar focado nas tarefas que somente você pode executar.

---

28 Ibid.

Então, por que lançar mão do microgerenciamento, em particular quando ele é tão contraproducente para a estratégia "pague mais, dê mais, fique com mais"? A resposta é que o microgerenciamento surge da falta de confiança e de experiência.

Administro meus negócios por *e-mail* e telefone, mas isso não significa que não esteja de olho em todas as engrenagens de minhas empresas. Sei o que está acontecendo o tempo todo, não importa onde eu esteja. Pago muito bem meus funcionários e os mantenho motivados, dando-lhes mais do que esperam. Para evitar o microgerenciamento, dou autonomia e construo laços de confiança entre nós.

Cada equipe, departamento e empresa trabalha em conjunto. Se um departamento de uma empresa estiver com problemas, os resultados vão aparecer nos relatórios diários ou nas reuniões. Soluções são criadas, e problemas são corrigidos. Mesmo quando você se torna um empresário de sucesso, o trabalho não para por aí.

É preciso uma vida inteira de dedicação e disciplina para manter um negócio próspero; e fica mais fácil com uma equipe dedicada. É fácil gerenciar de longe quando você confia nos funcionários; cria-se confiança a partir de benefícios intangíveis, quando se está disposto a pagar mais, dar mais e ficar com mais.

Princípio 15
IMITAÇÃO PERFEITA E MENTORIA

A maior importância de um mentor é sua capacidade de ver com antecedência o que os outros não conseguem enxergar e ajudá-los a percorrer a trilha rumo a seu destino.
– John C. Maxwell

Não importa em que setor você esteja, sempre haverá um concorrente que faz muitas coisas melhor do que você. "Melhor" vem com a experiência.

O setor imobiliário é um mercado muito competitivo porque existem inúmeros corretores, mas não tantas casas, e você precisa convencer o proprietário a vender a casa dele para você. Apesar de ser difícil entrar nesse ramo, não é impossível. Você precisa aprender a ofuscar os concorrentes, então possíveis clientes vão pensar primeiro em você quando quiserem vender ou projetar uma casa. O mesmo se aplica a qualquer negócio. Descubra o que o diferencia dos concorrentes e verifique se sua empresa continua prosperando. Para ofuscar os concorrentes, você precisa imitar as melhores práticas deles e depois se destacar, aprimorando-as ou inovando-as, tornando-as únicas para você.

Quanto mais você souber a respeito dos concorrentes, melhor, já que vai precisar aprimorar o que eles fazem. Esteja sempre um passo à frente, e isso lhe propiciará certas vantagens. Estude o site, o material de marketing, as promoções e as ofertas deles. Mas o mais importante é saber quem são seus melhores funcionários, para que um dia possa trazê-los para trabalhar com você. Excelentes profissionais, com ótimos resultados, lhe trarão bem mais do que somente alto desempenho. Aprendi sobre as práticas de outras empresas, seus segredos e problemas. Cheguei até a descobrir suas melhores estratégias, aprendendo-as com seus melhores funcionários.

Quando eu era novo no setor imobiliário, e minha carreira como incorporador começou a tomar forma, não sabia muito sobre construção, arquitetura ou *design* de interiores. Então estudei sobre os mais admirados incorporadores da Tailândia. Pesquisei todos os grandes *players* e fui descobrindo quais eram as construtoras, arquitetos, *designers* de interior e *designers* gráficos da preferência deles. Comecei a imitá-los e entrei em contato com todas as construtoras, arquitetos, *designers* de interiores e *designers* gráficos que eles utilizavam. Para ser o melhor você precisa trabalhar com os melhores!

Lembro-me do meu profundo desejo de me tornar um dos principais incorporadores, tendo estabelecido como meta receber o Asia Pacifc Property Award no prazo de cinco anos. Levou quatro anos e sete meses até subir no palco em Bangkok para receber meu primeiro prêmio pelo meu condomínio de 201 unidades que havia construído e vendido. Sabia desde o início que precisaria trabalhar com as mesmas e melhores pessoas e empresas para obter resultados semelhantes. Funcionou como imaginei e, nove anos depois, estava eu no mesmo palco em oito ocasiões diferentes, recebendo inúmeros prêmios em todas as categorias, por quase todos os meus empreendimentos imobiliários. Estou convencido de que a abordagem de "imitar e inovar" funciona em qualquer setor. Se quiser ser o melhor, aprenda com os melhores, adote a estratégia deles e adapte-as e as personalize.

Imitar: O caminho mais rápido para o sucesso

Comece pelas coisas mais simples. Domine os menores conceitos antes de tentar se igualar em poucos dias aos modelos bem-sucedidos. É fácil parar, desistir. As respostas estão à disposição. O verdadeiro sucesso está ao alcance dos que correm atrás dele.

Imitar os outros é um dos meus maiores segredos para o sucesso. Quando quero ter sucesso em uma área específica, ou quando estou tentando concluir um objetivo específico, faço pesquisas e procuro as melhores pessoas dessa área, mesmo que sejam meus concorrentes. Olho para o que fizeram, seus princípios e o que funcionou para eles. É como seguir uma fórmula científica, e é como cheguei ao topo tão rápido ainda no início da vida. Apenas segui os mesmos passos que já foram dados, adaptando-os à minha realidade e necessidade, e conquistei o sucesso em pouquíssimo tempo.

Seja lá o que você quer ser, encontre alguém que já o tenha conseguido e faça o mesmo.

O sucesso da Blue Horizon

Atualmente sou mais conhecido pela minha incorporadora Blue Horizon. A Blue Horizon Development Company Ltda. atua no mercado há mais de quinze anos. Temos mais de 249 funcionários e continuamos crescendo. Em junho de 2017, ela foi nomeada a melhor incorporadora da Tailândia e premiada com o Asia Pacifc Property Awards pela melhor construção e *design* de hotel. Em julho de 2017, a Blue Horizon recebeu mais três prêmios do Thailand Property e do Dot Property Group. No portfólio da Blue Horizon temos os premiados: The Beachfront, Skylight Villas, Signature Villas e o Himalai Oceanfront Condominium. Também fomos nomeados de novo em 2018!

Levei tempo para chegar a esse lugar, mas também foi necessária uma equipe sólida, com os melhores funcionários, para que isso acontecesse. Não posso dizer que *eu* criei a Blue Horizon; *nós* a criamos. Foi preciso uma equipe inteira para tornar esse sonho realidade. O que começou como meu objetivo pessoal de me tornar o melhor incorporador da Tailândia transformou-se em um sonho que agora compartilho com inúmeras outras pessoas. Construímos uma empresa, uma família que trabalha unida, celebra unida e se motiva mutuamente para alcançar um sucesso sustentável. Foi preciso aprender para me tornar o melhor nessa área. Estudando líderes do segmento e meus concorrentes, tornei-me o melhor desse mercado e pude levar meus funcionários comigo nessa jornada fantástica.

A busca por um mentor

Uma maneira de superar os concorrentes e conseguir vantagens nos negócios é obter um mentor em sua área de atuação. Mentores podem surgir de diversas maneiras. No começo deste livro, mencionei que meu pai havia me dado o dom de estudar e aprender, mas o presente de minha mãe foi ser minha mentora. Ela era uma mulher forte, com quatro filhos incríveis, a única pessoa que sempre acreditou em mim e me incentivou a ser a melhor pessoa que eu pudesse, para assim continuar indo atrás dos meus sonhos. Suas palavras me deram força. Recentemente ela perdeu a batalha contra o câncer, mas sempre ficará em meu coração. Com relação ao fortalecimento de minha mente para me tornar um mestre da Lei da Atração, autores como William Walker Atkinson, Charles Haanel, dr. Joe Vitale e Napoleon Hill têm sido meus mentores pessoais. Um mentor pode ser um *coach* de sucesso que você admira, um líder em seu setor que você imita ou alguém da família que sempre o apoia e o motiva, não importa o que aconteça.

O mentor é benéfico porque vai estar ao seu lado, sendo sua arma secreta, alguém que sempre estará disponível para ajudá-lo. A ajuda do mentor pode vir de uma lista de citações motivacionais das quais ele é autor. Pode vir de um amigo próximo, para quem você pode ligar e pedir conselhos. Seu mentor pode ainda ter produzido vídeos de conteúdo motivacional que você pode acessar a qualquer momento. O ponto é que, quando temos acesso rápido a um mentor, mantemo-nos motivados e inspirados para seguir em frente.

Em um levantamento com clientes, a MicroMentor, consultoria de mentoria, descobriu que 83% das empresas que receberam orientação sobreviveram aos dois primeiros anos, em comparação com 74% das empresas sem orientação. O mesmo levantamento também descobriu que as empresas que receberam orientação tiveram mais chance de prosperar e maiores receitas em relação àquelas sem mentoria.[29]

Imitar o sucesso de outras empresas com a ajuda de um mentor é uma maneira rápida para alcançar o sucesso.

Um mentor também "já esteve nessa posição, fez isso, e sobreviveu!". O objetivo de ter um mentor é aprender com os erros e inovações dele. Um mentor leva você mais rápido ao seu objetivo, pois tem conhecimentos prévios.

Embora possa fazer todo o trabalho sozinho, você não poderá ficar sozinho para o resto da vida. Quando você admira alguém, e esse alguém o inspira a sempre lutar para se tornar o melhor, você tem algo que seus concorrentes não têm.

---

[29] "Impact: Business Mentoring Fuels Success" ["Impacto: mentoria comercial estimula o sucesso"], MicroMentor. Disponível em: https://www.micromentor.org/learn-more/impact. Acesso em: 6 fev. 2019.

Este livro é um excelente exemplo de orientação para alcançar o sucesso com rapidez. Procurei a mentoria do dr. Joe Vitale para meu desenvolvimento pessoal e para motivar meus funcionários. Assim que nos conhecemos, Vitale começou a me orientar. Ele não apenas teve a ideia de que eu deveria escrever um livro como me mostrou o caminho para fazê-lo. Apresentou-me também aos editores e profissionais de marketing mais capacitados, dando-me os contatos necessários para fazer do meu livro um sucesso. Entregou-me modelos de livros bem-sucedidos para eu seguir, o que fiz, aperfeiçoando algumas partes quando era capaz. Algumas pessoas levam anos, até décadas, para escrever o livro que está dentro delas. Consegui fazer isso em seis meses, por causa da imitação e da mentoria.

Princípio 16
INVISTA NOS FUNCIONÁRIOS

Tu me ergues, e eu te erguerei. E nós dois subiremos juntos.
– Provérbio

Não é difícil contratar pessoas, e sim reter as pessoas certas. Você deve ajudá-las a crescer para garantir que não vai perdê-las.

Quando comecei minha primeira empresa, estudei os grandes mestres do sucesso. Li os livros deles, assisti a seus vídeos e participei de alguns seminários. Absorvi o máximo que pude de pessoas como Napoleon Hill, dr. Joe Vitale, Brian Tracy, Jack Canfield e muitos outros. Estudava os capítulos, fazia anotações e marcava as citações mais inspiradoras, memorizando o máximo possível, e, quando me senti pronto, ministrei alguns cursos em minha própria empresa, fazendo apresentações aos funcionários com a intenção de compartilhar o que havia lido em todos esses livros de sucesso. Eu era desajeitado, estranho e um pouco rude, mas estava transmitindo informações que eles nunca tinham ouvido com o máximo de paixão possível. Essa paixão compensou minha falta de habilidade de falar em público.

Esse simples ato – compartilhar o conhecimento que havia aprendido com pessoas que eu queria que fossem bem-sucedidas – inspirou meus funcionários. Eles começaram a perguntar onde eu havia adquirido todo aquele conhecimento e onde poderiam comprar os mesmos livros. O mundo moderno se transformou em uma grande mentira: as pessoas acreditam que, depois que finalizam a fase escolar, não precisam mais aprender nada e que não há nada mais a ser descoberto dentro de sua área de atuação, ou ainda que não precisam mais se desenvolver. Só começamos a aprender sobre nós mesmos e nosso potencial humano ilimitado depois que nos formamos.

Quando os funcionários têm um objetivo e uma razão para atingirem o sucesso, eles são muito mais produtivos no trabalho. Os funcionários tornam-se mais dedicados, vibrantes e até entusiasmados quando se esforçam para melhorar a si mesmos. É por isso que, quando contrato novos funcionários, sempre gosto de perguntar a eles sobre seus objetivos, apenas para saber mais sobre eles como pessoas. Gosto de ouvir o que os motiva a ter sucesso e em quais novas metas estão trabalhando. Quando queremos alcançar algo específico na vida, e estamos motivados, o que podemos criar e realizar excede em muitas vezes o que imaginamos a princípio.

Após ouvir as metas dos funcionários, tento ajudá-los fazendo perguntas para acompanhar a evolução deles e impulsioná-los. Pergunto coisas do tipo: "O que você pode fazer nesta semana para atingir esse objetivo?", e em seguida: "Ok, e quanto a este mês, ou no próximo mês, ou até o final do ano?". Gosto de mostrar aos funcionários que eles podem agir agora para atingir seus objetivos, e que há pequenos objetivos, pequenas coisas, que podem ser feitas ao longo dos próximos meses para atingir esses grandes objetivos.

Esse mesmo tipo de questionamento é o que uso quando preciso de um relatório ou de uma tarefa em particular dentro de um prazo específico. Em vez de dizer aos membros de minha equipe que preciso de algo pronto até o dia seguinte, pergunto: "O que você acha que pode fazer para ter isso pronto até amanhã?". Eles podem me dar respostas naquele exato momento, ou serão honestos e me dirão que vai ser impossível terminar até o dia seguinte, mas vão me falar o que podem fazer para finalizar a tarefa nos próximos dias. Isso cria um ambiente de pensamento crítico, para encontrarmos soluções das quais todos façam parte; essa é uma forma de investir nos funcionários. Demonstro interesse em como os projetos serão concluídos e em como os funcionários vão terminar certa tarefa. Nesses cenários, eles são mais honestos, humildes e responsáveis pelo modo como estão prestes a agir. Isso cria uma relação de confiança e interação que torna os meus negócios bem-sucedidos.

Quanto melhor for o desempenho da equipe, mais coisas eles vão alcançar na vida.

Descubra o que é importante

Minha assistente-chefe, Nenny, está na minha organização desde o início. Instintivamente, soube na primeira vez que a conheci que ela era uma funcionária arrojada. O único problema era que ela já tinha um emprego e não tinha interesse em deixá-lo.

Por um tempo, tentei convencer Nenny a deixar seu emprego e a vir trabalhar para mim oferecendo-lhe um salário mais alto e mais dias de férias. Ela sempre recusou as propostas educadamente. Fiquei perplexo. Por que ela não havia aceitado o emprego após ter lhe oferecido um aumento salarial? Por fim, levei-a para jantar com a intenção de conhecê-la melhor, saber sobre as coisas que eram importantes para sua vida e quais eram seus medos.

Descobri durante o jantar que Nenny tinha uma filha que não morava na Tailândia, e ela tinha medo de não poder ficar com a filha. Nenny estava muito focada em ter a filha por perto e poder supervisionar sua educação. Ela não estava interessada em ganhar mais dinheiro; o que queria era se envolver mais na vida da filha.

Nenny estava comprometida com seu emprego porque acreditava que isso representasse o melhor futuro para a filha dela. A motivação de Nenny estava centrada em estar com a filha. Nenhum período extra de férias que lhe ofereci mudaria o fato de que não poderia ver a filha com regularidade; pagar a ela um salário maior não a aproximaria da filha. Ela não tinha motivação para mudar de emprego, algo que ainda poderia ser arriscado, caso o novo emprego não desse certo. Ela tinha segurança em sua posição atual, e segurança significava saber como ajudar a filha. De minha parte, eu sabia que ter Nenny em minha equipe seria essencial para o crescimento de minha empresa, por vários motivos. Decidi investir nela como funcionária de uma maneira bem pouco tradicional. Chamei de investimento porque vi naquela relação um sucesso de longo prazo. Eu precisava contribuir para esse sucesso muito antes de conseguir os resultados que desejava.

Ofereci para Nenny o emprego porque sabia quanto ela era dedicada a seu empregador anterior. Sabia que precisava ganhar sua confiança imediatamente. Aproveitei aquele tempo para aprender mais sobre ela e descobrir mais detalhes sobre sua filha e como era a relação entre as duas. Esse conhecimento me permitiu oferecer a Nenny um acordo de longo prazo. Concordei que, se ela viesse trabalhar para mim e continuasse sendo dedicada e confiável, eu não apenas traria sua filha para a Tailândia como também pagaria seus estudos em uma escola internacional até os 18 anos de idade.

Os benefícios de investir nos funcionários

Ouvi os mais céticos me dizerem que essa foi uma decisão arriscada. E se eu trouxesse sua filha para a Tailândia e a colocasse na escola, mas depois ela desistisse do emprego? Isso com certeza poderia acontecer. Também ouvi dizer que pagar pela educação da filha de um funcionário não seria um bom uso do dinheiro da empresa. Mas não vi a situação dessa maneira.

Em quantas coisas diferentes os empresários investem no longo prazo, acreditando que trarão grandes dividendos?

- Anúncio de emprego para novos funcionários, na esperança de que sejam mais qualificados que o último funcionário naquela posição.
- Publicidade para novos clientes, acreditando que a despesa de marketing será menor que o lucro proveniente dos novos clientes.
- Contratação de um gerente de Recursos Humanos, para deixar os funcionários mais satisfeitos e diminuir a rotatividade.
- Treinamentos e especialização de funcionários, tendo em vista retê-los por mais tempo e melhorar o desempenho deles.
- Pagamento de bônus por desempenho, com expectativa de aumentar a produtividade no longo prazo.
- Investimento em novas tecnologias, acreditando no aumento do desempenho dos funcionários.

Esses investimentos têm o mesmo risco de não dar certo do que investir em uma preocupação pessoal de um bom funcionário. O investimento não é isento de riscos, portanto, você precisa avaliar o investimento como um todo. Acredito que investir em meus funcionários esteja mais alinhado aos meus princípios para atrair riqueza do que investir em tecnologia ou infraestrutura. Primeiro e acima de tudo, invisto nos funcionários.

Ao longo dos anos, Nenny e eu formamos um estreito vínculo de confiança, que me permitiu confiar nela nos momentos mais estressantes. Sei que é do interesse dela o sucesso dos meus negócios, e é por essa razão que ela tem estado ao meu lado há tanto tempo.

Depois de contratar alguém e dedicar meu tempo para ajudá-lo a criar os próprios objetivos, vejo o que posso fazer para garantir que ele tenha sucesso; essa é a primeira maneira pela qual os funcionários reconhecem meu investimento neles. Levanto os objetivos deles e os coloco à mostra no escritório, para que todos possam ver o que cada um busca. Encorajo toda a equipe a saber e torcer pelos objetivos uns dos outros. Esse tipo de apoio comunitário é um nível diferente de investimento. Os membros da equipe começam então a se ajudar a ter sucesso e, uma vez que meus funcionários estão felizes e motivados pela própria paixão e em ter sucesso em todos os aspectos de sua vida, meus negócios continuam melhorando a passos largos. Esse nível mais profundo de investimento na equipe ajuda os funcionários a atingirem suas metas, sejam elas financeiras, uma nova oportunidade ou novas experiências. Digo a eles exatamente o que espero deles como funcionários e como são importantes para a empresa. Estou disposto a pensar de modo criativo para encontrar soluções que melhorem a vida pessoal deles – para que possam se concentrar e ficar mais focados em aprimorar os resultados no trabalho. É uma situação em que todos saem ganhando e que tenho orgulho de ter incorporado em todos os meus negócios. Todos estão alinhados e progredindo rumo ao sucesso.

Princípio 17
VALORIZE MAIS A POSITIVIDADE DO QUE OS RESULTADOS

Grandes mentes discutem ideias; mentes comuns discutem eventos; mentes pequenas discutem pessoas.
– Eleanor Roosevelt

Atrair riqueza, criar oportunidades e formar uma equipe vencedora têm algo em comum: são altamente suscetíveis à influência de pessoas e a pensamentos negativos. Negatividade é como um câncer. Ela se espalha com rapidez e afeta tudo e todos. O que um médico faz quando encontra um câncer? Tira tudo com rapidez, antes que se espalhe. Se você deseja atrair grande riqueza para sua vida e construir um negócio fantástico, deve excluir pessoas negativas da sua vida, não importa quanta vantagem ou dinheiro elas tragam para você e para sua empresa.

Identificando o câncer

Há alguns anos, um dos meus principais corretores – Rob, nós o chamaremos assim – teve seu primeiro mês ruim. Quando ele não conseguiu fechar suas vendas, disse coisas como estas no escritório:

– Não há mais tantos clientes por aí. O mercado está em queda.

– Temos muitos concorrentes.

– Só pego clientes ruins, sem dinheiro.

Levei-o até meu escritório e pedi que repetisse todas essas desculpas pelo mês ruim. Disse a ele que entendia um mês ruim de vendas e que não o culparia por isso. Pedi que assistisse a alguns vídeos de especialistas em vendas como Brian Tracy e lhe enviei artigos para leitura, tudo na tentativa de recuperar a motivação dele. Contei a ele sobre meu sucesso e como faço para estabelecer e visualizar minhas metas. Ele saiu do escritório me dando uma resposta evasiva. Ele era meu principal corretor, e eu não queria que ficasse desencorajado, por isso tentei ajudá-lo de todas as maneiras com meus conhecimentos e também sendo compreensivo. Equivocadamente, cheguei a fazer vista grossa para seu comportamento.

Dias após nossa reunião, ele começou a reclamar com os outros corretores e com o pessoal de marketing durante o almoço e depois do horário de trabalho. Dizia coisas como:

– Se eu sou o melhor vendedor e não consigo fechar uma venda, você sabe que algo não vai bem.

– A concorrência está ganhando vantagem e levando todos os clientes. As coisas estão piorando.

Não demorou muito para ver como a influência cancerígena de Rob se espalhava dentro da empresa. Em poucas semanas, metade de toda a força de vendas e do departamento de marketing tinha começado a falar e acreditar nas mesmas coisas. Eu podia ouvir conversas como estas no escritório:

– Você acha que Rob vai trabalhar para a concorrência?

– Você viu as vendas de David esta semana? Como ele conseguiu realizar uma venda e Rob não conseguiu nenhuma? Alguma coisa está acontecendo.

Ficou evidente que a confiança, a determinação e a motivação da equipe estavam sofrendo com a situação. Os resultados das vendas também vinham caindo. Ainda assim, fiquei preocupado com o que poderia acontecer com o faturamento no longo prazo se tirasse Rob da equipe. Pior, se ele saísse, será que os outros vendedores também sairiam?

Estava valorizando mais os resultados do que a construção de uma equipe de vendas positiva. Ficar só analisando resultados vai deixá-lo em uma posição de preocupação, ansiedade e propenso a tomar decisões equivocadas.

Tive outra conversa com Rob sobre manter uma perspectiva positiva e parar com as fofocas negativas. Na reunião, ele me explicou que não era responsável pelas fofocas. Disse-me que alguns vendedores com vendas inferiores às dele faziam intrigas por ciúmes. Também acrescentou que não era ele o problema; que tinha sido o desaquecimento do mercado que vinha fazendo todo mundo falar do assunto.

Quando o câncer no local de trabalho é incurável

Alguns anos atrás, realizei um seminário de sucesso em minhas empresas para o qual convidei alguns autores consagrados a fim de darem palestras sobre sucesso e também oferecerem uma nova perspectiva sobre ele. Uma dessas pessoas era Brain Tracy, autor de mais de setenta livros traduzidos para dezenas de idiomas. Seus livros de maior sucesso são: *Earn What You're Really Worth*, *Eat That Frog!*, e *The Psychology of Achievement*.

Tivemos uma conversa particular após o evento e perguntei qual era seu conselho mais valioso para fazer uma empresa crescer. Sua resposta foi simples:

– Se você já fez tudo o que podia pela sua equipe, se os treinou, inspirou e liderou, e eles ainda não evoluíram, não hesite, não espere: mande-os embora o mais rápido possível.

Esse método de se livrar de uma equipe de pessoas negativas foi um dos melhores conselhos que já recebi.

Desde aquele dia em que adotei a estratégia de não tolerar o crescimento do câncer, ela salvou a mim e membros da equipe, evitando danos no longo prazo.

Com Rob, eu não tinha outra escolha senão extirpar o câncer e curar a área circundante antes que ele se espalhasse. Eu o chamei para o meu escritório pela terceira vez, desta vez para dispensá-lo, para que pudesse encontrar uma "vaga mais adequada".

Vi grandes equipes e grandes organizações destruídas por causa da negatividade. Um excelente trabalho em equipe diminui à medida que a negatividade se estabelece e começa a dissipar as atitudes positivas das pessoas. A falta de colaboração se intensifica quando se trata de funcionários que não trabalham em equipe e são pessoas negativas; isso vale também para o seu melhor funcionário. Quando você está tentando expandir seus negócios, demitir o melhor colaborador pode ser muito difícil e pode afetar as vendas temporariamente. Mas você não deve dar tanta importância a isso, priorizando sempre a positividade em relação aos resultados. Sempre é possível obter resultados melhores, mas você não pode controlar a influência nem a negatividade de um funcionário que não trabalhe bem em equipe ou de uma pessoa negativa dentro da empresa.

Mesmo que tenha uma equipe de negócios composta pelos melhores profissionais do setor, se permitir que a negatividade e as fofocas influenciem essa equipe, isso fará que eles percam até mesmo para concorrentes mais fracos e inexperientes. O outro grupo vai vencer por estar mais motivado, determinado e sem a influência de negatividade ou intrigas.

A negatividade oculta na complacência

Como mencionei no capítulo anterior, quando contrato novos funcionários, passo algum tempo com eles para conhecê-los e saber mais sobre seus objetivos, entendendo, assim, o que os impulsiona e os motiva. Caso eles não tenham nenhum objetivo específico, esse encontro servirá para ajudá-los a criar os próprios objetivos. Faço o possível para colocar os novos funcionários no caminho certo, a fim de que alcancem seus objetivos. Eu os ajudo porque conheço o poder dessa ferramenta na formação de funcionários dinâmicos, produtivos e leais. Às vezes, uma pessoa não está disposta a ler os livros que indico ou a fazer os exercícios que eu ensino. Às vezes, leva alguns meses até eu perceber que a pessoa tem aversão ao aprendizado. Depois que reconheço essa característica no funcionário, posso deduzir três coisas:

1. Ele não gosta de trabalhar em equipe.
2. Ele não tem interesse em ajudar os outros, apenas a si mesmo.
3. Ele não tem motivação para querer se desenvolver. E, quando digo isso, em geral ele discorda de mim.

"Andres, só porque não querem ler os livros que você sugeriu ou não tentam fazer os exercícios de definição de metas ou de visualização que você recomendou, não significa que não gostem de trabalhar em equipe."

Para ser claro, quando peço a um funcionário que leia um livro ou participe de um exercício, não estou pedindo que ele siga minhas crenças cegamente. Não estou pedindo que desista de sua opinião pessoal. Não estou pedindo que imite ou repita qualquer coisa que leia. Peço que esteja aberto a novas possibilidades e a novas formas de pensar, porque esses são elementos cruciais para o sucesso, seja pessoal ou de uma equipe. Estou pedindo que tente algo novo e veja se funciona para ele. Peço que entenda a cultura da empresa e desejo saber se está aberto à sugestão de outras pessoas, quanto está disposto a participar do crescimento de uma ótima equipe e quanto pretende investir no próprio desenvolvimento.

Pessoas negativas com aversão ao aprendizado precisam ser retiradas da equipe rapidamente.

Isso não apenas garante que a negatividade não se instale na empresa, mas também deixa um exemplo para os outros funcionários. Eles vão saber que você honra uma cultura de positividade e que isso é inegociável.

Uma das coisas mais difíceis de fazer é se afastar de conversas negativas. Mas, quando você consegue, sua vida se transforma da noite para o dia.

Não tolere fofocas

Está cientificamente comprovado que as emoções são "contagiosas", e que são transmitidas quando uma pessoa está próxima o suficiente da outra, tal como um resfriado.[30] É por isso que criei uma regra de ouro em todas as minhas empresas, organizações e equipes, e mesmo na minha própria família: nunca, nunca mesmo, faça fofocas. Fofocas alimentam a negatividade.

---

[30] Susan Weinschenk, "Emotions Are Contagious" ["As emoções são contagiosas"], *Psychology Today*, 1º de junho de 2016. Disponível em: https://www.psychologytoday.com/us/blog/brain-wise/201606/emotions-are-contagious. Acesso em: 28 set. 2020

Sempre que me deparo em meio a uma conversa negativa em público, eu me desculpo e finjo que tenho uma ligação urgente a fazer ou que preciso ir ao banheiro com urgência. Recuso-me a ser arrastado para uma conversa carregada de energia negativa – isso acarreta ainda mais problemas, na vida e nos negócios.

A fofoca destrói a confiança e baixa o moral

Se conversas de teor pessoal se tornam palco para fofocas no trabalho, essa situação pode acarretar na perda de confiança mútua entre os funcionários. Quando um funcionário é alvo de fofocas no local de trabalho, isso pode afetar negativamente o estado de espírito de todos eles. Alguns podem chegar até a pedir demissão.

Fofoca atrapalha o trabalho em equipe

Quando alguém se torna alvo de fofoca no local de trabalho, cria-se um ambiente profissional tóxico. Um funcionário que é alvo de fofocas pode não ser capaz de se concentrar no trabalho, e sua produtividade cairá.

Quando você cria uma equipe que se concentra na positividade, em que um colega incentiva o outro a pensar e a colaborar livremente, com todos se dedicando ao desenvolvimento pessoal e profissional, e também sendo proativos, com certeza vai conquistar melhores resultados em todas as áreas da empresa, entre eles: melhor fluxo de trabalho, melhor produtividade, lealdade, satisfação da força de trabalho, crescimento e receita.

Por todas essas razões, por que alguém que tenta atrair riqueza e criar oportunidades nos negócios não vai se opor à negatividade e às fofocas, e, ainda mais importante, como não implementar estratégias que possam ajudar os funcionários a não se tornarem um câncer? Considere estas estratégias:

- Ter uma política antifofocas.
- Ensinar os funcionários sobre uma vida positiva por meio de livros e seminários.
- Estabelecer de metas.
- Fazer visualizações.
- Evitar a negatividade.
- Interagir apenas com emoções positivas.

A negatividade (e as fofocas que a alimentam) é um câncer para qualquer negócio próspero e também para as relações pessoais; é por isso que você sempre deve valorizar mais a positividade do que os resultados. Tomar decisões com base em resultados nem sempre é a melhor escolha para seus relacionamentos, negócios, para atrair riqueza ou para criar oportunidades. Pense nisso:

- Se você permanecer em um relacionamento estressante porque seu parceiro tem um grande potencial de ganho, o estresse vai acabar com o relacionamento. Em vez de se separarem e permanecerem amigos, no final, vão acabar destruindo a conexão entre vocês.
- Manter seu principal vendedor, apesar do impacto negativo que ele tem sobre os outros membros da equipe, resultará em menor produtividade e menor retenção dos membros da equipe de apoio. Sem esse apoio, seu melhor vendedor não pode atender adequadamente os clientes.

Bons vendedores que têm o apoio de uma equipe positiva vão criar mais benefícios no longo prazo do que o melhor vendedor sem nenhum apoio da equipe.
- Funcionários que não foram treinados para falar com positividade sobre a empresa vão acabar dizendo coisas erradas em situações inadequadas, e acabarão impactando seu lucro e novas oportunidades.

Não permita fofocas em sua empresa. Elas vão criar negatividade e uma energia ruim. Você precisa remover pessoas negativas, seja da empresa ou da sua vida, de uma maneira amorosa, sem deixar nenhum rastro de animosidade. Dessa forma, eles ainda assim poderão se sentir bem, e você também.

Cerque-se de pessoas positivas e motivadas que o ajudem e acreditam em você.

Distancie-se de pessoas negativas o mais rápido possível. Você sempre será o resultado da soma total das pessoas ao seu redor.

Acredito com tanta veemência que a fofoca é uma das maiores causas de negatividade no local de trabalho que peço aos funcionários que assinem um contrato de Política antifofoca, semelhante ao da Associação dos Advogados da Pensilvânia, para que saibam que não vou tolerar esse tipo de coisa.

Política antifofoca[31]

A fofoca mina a energia, dispersa e diminui a satisfação no trabalho. Todos já fizemos fofocas em algum momento, mesmo que

---

[31] "No Gossip Policy" ["Política Antifofoca"], Associação dos Advogados da Pensilvânia.

neguemos esse fato. Criar um ambiente de trabalho mais positivo e profissional exige comprometimento para deixar o ambiente livre de fofocas.

A definição de fofoca é: boato ou conversa de natureza pessoal, sensacionalista ou íntima. O fofoqueiro é alguém que costuma espalhar boatos, fatos íntimos ou privados.

Fofocar também é um verbo, o que significa que é uma ação. Isso também quer dizer que é algo que você *escolhe* fazer, então poderia optar por *não* fazer:

- A fofoca sempre envolve alguém que não está presente.
- Implica criticar outra pessoa.
- A fofoca geralmente é sobre conjecturas que podem prejudicar a credibilidade ou a reputação de outra pessoa.

Para que haja local de trabalho mais profissional e livre de qualquer tipo de fofoca, as pessoas concordam com os seguintes termos:

- Não falar nem insinuar o nome de outra pessoa quando ela não estiver presente, a menos que seja para elogiá-la ou que o comentário seja relativo a uma questão de trabalho.
- Recusar-se a participar de uma conversa quando alguém mencionar negativamente uma pessoa que não está presente. Mudar de assunto ou avisar que concordou em não falar sobre outras pessoas.

Disponível em: https://www.pabar.org/Public/LPM/Resources/R06/Other%20Resources/No%20Gossip%20Policy%20-%20Employee%20Handbook%20or%20Personnel%20File.pdf. Acesso em: fev. 2019.

- Não responder a *e-mails* de teor negativo e não encaminhar informações privadas ou depreciativas sobre qualquer pessoa da empresa.
- Não falar com outro colega sobre alguém de maneira desrespeitosa enquanto estiver no trabalho. Caso precise lidar com sentimentos negativos, opte por conversar com alguém de fora da empresa.
- Se alguém do departamento fizer algo antiético ou incorreto e que vá contra os procedimentos, usarei os canais adequados para denunciá-lo à pessoa com autoridade para tomar as medidas necessárias.
- Vou cuidar da minha própria vida, fazer um bom trabalho, ser profissional e responsável, e esperar o mesmo dos outros.

Transformar negatividade em positividade

Desenvolvi um jeito compatível com a lei de doação vibracional para a remoção dessas pessoas. Sempre que tenho de dispensar alguém por causa da negatividade ou por baixo desempenho, faço questão de fazer um acordo para que ela saia da maneira mais positiva possível.

Levo o funcionário para uma sala de reunião privada e digo que ele não é adequado para a vaga. Garanto o salário do próximo mês. Isso torna o processo menos estressante, pois terão tempo para encontrar outro emprego. Asseguro que terão boas referências, até uma carta de referência, se precisarem, porque, embora essa pessoa não seja adequada para minha empresa, pode se sobressair em outra.

Você sempre pode encontrar algo positivo para dizer sobre alguém e deve fazer isso sem reservas. Faço questão que a pessoa saiba que torço por ela. Orgulho-me de ser sempre justo com qualquer pessoa com quem trabalho ou conheço, porque sei que a maneira como a trato é a mesma maneira com que ela vai me tratar no futuro.

Para que eu possa deixar minha equipe positiva, tenho de estar positivo em relação a todos e a todas as ações que tomo. Reconhecer que um funcionário não é ideal para uma vaga e lhe desejar sucesso em um novo emprego que lhe seja mais adequado pode ser muito positivo. Estou liberando essa pessoa para encontrar uma empresa que se ajuste melhor a ela. Estou fazendo isso de forma justa e sem criar estresse. Também diminuo a preocupação do funcionário, garantindo uma carta de recomendação só com referências positivas, o que alivia a questão de ter de encontrar outro emprego. Portanto, mesmo que um funcionário não esteja feliz por ser demitido, não sou visto como um inimigo. É um presente, e eu o ofereço com gratidão.

Considere os benefícios de liberar um funcionário de uma função para a qual ele não é adequado, aliviando, assim, outros funcionários de uma influência negativa e se livrando do estresse de ter uma empresa que não esteja funcionando de maneira positiva. Os benefícios são inúmeros e todos positivos:

- Melhora o moral da equipe.
- Melhora a produtividade da equipe.
- Melhora os resultados.
- Liderança efetiva.
- Ambiente de trabalho mais feliz.
- Clientes mais felizes.
- Vendas maiores.

Princípio 18
FAZER. SER. IR. TER.

Você pode receber ajuda dos professores, mas vai precisar aprender muito por si só, sentado sozinho em uma sala.
— Dr. Seuss

Temos apenas uma vida e, se a vivenciarmos da maneira certa, isso será mais que suficiente. Defendo uma existência do tipo "Fazer. Ser. Ir. Ter".

- *Faça* todo o necessário para atrair riqueza e inúmeras oportunidades para sua vida.
- *Seja* focado para transformar o futuro em realidade.
- *Vá* em busca de pensar, arriscar e acreditar que pode alcançar mais do que imagina.
- *Tenha* a confiança e a fé de que você pode realizar.

Com um clima de verão o ano todo, comida incrível e culturalmente singular, morar em Phuket é exatamente a vida que eu sonhava para mim quando estava nas ruas de Estocolmo. Não cheguei lá por acaso. Fiz o que foi preciso: passagem de avião e de ônibus. Concentrei-me em construir meu futuro naquele lugar. Promovido a corretor, fui mais longe do que jamais imaginei: comecei e fracassei em diversos negócios, mas persisti. Estou confiante e tenho um objetivo específico: construir não apenas empreendimentos de luxo para as férias de outras pessoas, mas também de viver em Phuket como se todos os dias fossem férias. Passo um bom tempo nas inúmeras praias de areia branca, navegando, explorando e mergulhando no oceano de Andaman. Faço trilhas nas montanhas da Tailândia sob o sol escaldante. E, após o pôr do sol, a famosa cena gastronômica de Phuket ganha vida, desde pratos servidos nas ruas até restaurantes premiados com vistas incríveis. Descobri cedo que não preciso viajar muito para aproveitar a vida ao máximo. Você pode começar agora mesmo, onde quer que esteja. Para isso, você deve "Fazer. Ser. Ir. Ter".

Traga o futuro para o presente

Tive a oportunidade de entrevistar Mike Tyson, o lendário boxeador e campeão mundial. Perguntei para ele quando soube que seria campeão mundial. "Quando eu tinha 14 anos", ele respondeu. Mesmo antes de Mike Tyson ganhar um título de boxe, ele havia percebido como era crucial ter sucesso no presente – mesmo que fosse apenas em sua mente. Aos 14 anos, ele já se sentia campeão do mundo, porque, na sua mente, ele se imaginava no ringue derrotando adversário após adversário, colocando o cinturão de campeão dos pesos-pesados, enquanto ouvia a multidão aplaudindo e sentia o orgulho de ser um atleta de nível mundial. Ele imaginou suas conquistas, treinou cinco dias por semana (Fazer), aceitou todas as lutas de boxe que pôde (Ir), entrou no ringue com adversários que temia para ganhar mais títulos (Ser) e alcançou o sucesso, com uma carreira repleta de vitórias, derrotas, críticas e elogios, tendo confiança e propósito (Ter).

Não diga "ainda tenho tempo" ou "talvez da próxima vez", porque também há o "já é tarde demais".

Não é pelo dinheiro

Robert Kiyosaki, autor de *Pai Rico, Pai Pobre*, avisa que precisamos "abandonar a corrida dos ratos".[32] Eu tomei como hábito gastar

---
32 Robert Kiyosaki, *op. cit.*

meu tempo (e dinheiro) em excursões, férias, viagens e eventos de formação de equipes com meus amigos mais próximos, familiares e funcionários. Eu gasto a maior parte de minha renda em experiências compartilhadas. Mantendo-me fora da corrida dos ratos sempre que possível, e trazer as pessoas mais próximas comigo nas minhas aventuras e conquistas me trouxe vários benefícios:

- Vivo uma existência mais apaixonante.
- Inspiro os outros a pensarem mais alto.
- Mostro para as pessoas ao meu redor o quanto as valorizo.
- Sou um bom líder porque aproximo as pessoas.
- Aumento a produtividade dos meus negócios ao trazer para a empresa funcionários mais motivados e leais que estejam repletos de energia e prontos para ter sucesso em níveis ainda mais altos.
- Tenho experiências únicas de vida que me inspiram a pensar grande tanto no âmbito pessoal quanto no profissional e a estar mais presente e a atrair mais oportunidades de riqueza.

Crie a cultura do "Fazer. Ser. Ir. Ter."

Construo uma "cultura única" em todas as minhas empresas. Envolvemo-nos em negócios exclusivos, alcançamos o sucesso como nenhuma outra empresa conseguiu antes e celebramos tudo com entusiasmo. Nenhum salário pode substituir essa cultura. A "cultura única" estimula a lealdade; um trabalho "único" com benefícios "únicos" é atraente tanto em termos financeiros quanto em termos de experiência pessoal.

Outros nos chamam de loucos quando nossa equipe embarca em uma nova aventura. Somos chamados de inovadores porque criamos as empresas mais produtivas, confiantes e bem-sucedidas da Tailândia. Ganhamos vários prêmios regionais e internacionais, em todos os setores da organização, e continuamos a conquistá-los.

No final "eles vão dizer..."

Ser lembrado como um empreendedor que faturou bilhões nas praias da Tailândia não é como quero ser lembrado. No final, eles vão dizer: "Andres foi um líder que proporcionou as melhores experiências possíveis para as pessoas com quem trabalhou. Ele era uma força para o bem. Contribuiu para mudar o mundo com sua bondade".

Essa visualização me atrai e conduz minhas atitudes e decisões nos negócios e na vida pessoal. Compartilhei essa visualização com meus funcionários, e isso fez que confiassem em mim em um nível mais profundo. Quando apresento uma nova ideia ou mudo o rumo de um projeto, mesmo que ainda não consigam entender meus motivos, eles confiam no fato de que o faço em benefício de meus clientes, fornecedores e funcionários. Isso é muito útil quando temos algum contratempo nos negócios ou uma desaceleração nas vendas. Em vez de tirar conclusões como "Ele está tentando cortar custos", ou "Ele tem segundas intenções", ou, ainda, "Ele não está nos ouvindo", minhas equipes se reúnem e de maneira proativa ajudam a colocar de novo as coisas no trilho do sucesso. Eles confiam em minhas motivações, e isso se propaga por toda a empresa.

Divirta-se e viva para trabalhar; não trabalhe para viver.

Comece agora, independentemente de seu tamanho

Quando falo sobre sucesso nos negócios, inevitavelmente ouço críticas: "Sua empresa é grande e tem muito dinheiro. Claro que você pode oferecer saltos de paraquedas aos funcionários. Isso, contudo, não é oportuno para um novo empresário ou uma empresa menor". Adoro esse tipo de crítica, porque ela me permite demonstrar como pensar grande e envolver a equipe tem pouco a ver com sua conta bancária e muito mais com sua capacidade de pensar grande com as coisas que você tem.

Construir uma "cultura única" não se trata de quanto dinheiro sua empresa tem, mas da ênfase que você dá à cultura da empresa. Assim como coloco emoções positivas nas minhas doações vibracionais, a criação da cultura da empresa começa com a emoção que você, como proprietário da empresa, atribui aos elementos que compõem essa cultura.

Faça ações na sua empresa que reúnam os funcionários em situações raras e memoráveis.

Esteja focado nos sentimentos positivos criados durante qualquer atividade da empresa.

Vá além das expectativas dos funcionários ao nomear, comemorar e expandir cada conquista diária.

Tenha confiança em seus funcionários para que evoluam e desenvolvam capacidades para atender às necessidades da empresa.

Faça parte de um grupo de voluntários

Eu amo fazer trabalho voluntário porque é uma das melhores formas de doação vibracional; é uma maneira fantástica de entrar em um padrão mental de positividade, e esse processo eleva o moral da equipe.

O voluntariado melhora o estado de espírito. A ciência provou que fazer boas ações faz você se sentir bem. E por que não ajudar a comunidade local, já que você faz parte dela?

A Deloitte afirma que a melhor forma para engajar seus funcionários é ajudá-los a encontrar um propósito comum no trabalho. Trata-se de cultivar relacionamentos mais próximos por meio de experiências compartilhadas, que não são dispendiosas.[33]

"Todos nós queremos que nossas vidas tenham algum significado e queremos trabalhar em uma organização que contribua com a comunidade e seja socialmente responsável", diz Don Mac Pherson, parceiro da Aon, que trabalha com práticas de gestão de funcionários.[34]

"Ao solicitar que [funcionários] fizessem mais [no trabalho], eles ficavam contentes em fazer isso, porque sabiam que a empresa se importava", diz Colleen Martin, uma profissional que gerenciava trabalhadores sazonais em funções entediantes como observar mo-

---

33   Josh Bersin, "Becoming Irresistible: A New Model for Employee Engagement" ["Tornando-se irresistível: um novo modelo para o engajamento dos funcionários"], Deloitte Insights, 26 de janeiro de 2015. Disponível em: https://www2.deloitte.com/insights/us/en/deloitte-review/issue-16/employee-engagement-strategies.html. Acesso em: 28 set. 2020.
34   Tamara Lytle, "Tips to Increase Employee Engagement Without Spending a Dime", ["7 dicas para aumentar o envolvimento dos funcionários sem gastar um centavo"], Sociedade para Gestão de Recursos Humanos, 22 de setembro de 2016. Disponível em: https://www.shrm.org/hr-today/news/hr-magazine/1016/pages/7-tips-to-increase-employee-engagement-without-spending-a-dime.aspx. Acesso em: 28 set. 2020.

nitores de máquinas o dia inteiro em uma refinaria de petróleo. Para tornar o trabalho "menos chato", ela começou a oferecer trabalhos de voluntariado para esses funcionários. Ela viabilizava a ajuda dos funcionários para: construir casas em projetos sociais para desabrigados, enviar cartas pessoais para as tropas dos Estados Unidos no Oriente Médio e fazer doações para um orfanato. Esse é um exemplo de engajamento de funcionários e curadoria cultural.[35]

Reconheça abertamente, em alto e bom som

Não é segredo que recompensas e reconhecimento tornam o local de trabalho especial. Na Disney, por exemplo, os funcionários sabem que a experiência do cliente é fundamental. Os funcionários da Disney relatam sentirem-se muito conectados ao trabalho e se esforçam para criar experiências únicas para os clientes. Eles têm alto desempenho em suas funções porque suas contribuições e esforços são reconhecidos pela equipe. Na Disney, o reconhecimento da equipe pelo esforço do funcionário é um grande evento!

Muitas vezes, porém, as premiações e os bônus são dados com pouco alarde. Lembro-me do meu primeiro emprego como operador de telemarketing e de como as "melhores pessoas" recebiam suas premiações; as recompensas eram sempre financeiras e apenas entregues. Não havia nada de especial. Nenhuma sensação era vivenciada. Quando li sobre o YUM! Corporation (empresa controladora da Taco Bell, KFC e outras redes de restaurantes), fiquei mais uma vez inspirado a criar um ambiente de trabalho único. Os líderes de lá tocam cornetas, pandeiros, buzinas e chocalhos. A

---

35   Ibid.

cada mês, o chefe do departamento lidera um grupo de funcionários marchando pelo prédio reunindo dezenas de outras pessoas à medida que avançam e tocando "músicas" em homenagem aos seis funcionários que serão premiados. Eles criam um desfile em homenagem ao esforço do grupo que teve o melhor resultado naquele mês. Quantas vezes na vida teremos a oportunidade de ter um desfile em nossa homenagem?

YUM! possui 1,5 milhão de trabalhadores corporativos e franqueados. Reconhecer o funcionário é uma das prioridades da empresa, e seus líderes locais conhecem as particularidades culturais de cada região. Os prêmios em si são coisas que você provavelmente poderia comprar em uma loja de 1,99: uma capa e óculos de sol, um boneco de Albert Einstein cuja cabeça balança, além de algumas outras bugigangas. O ponto em questão é a emoção implícita em ser reconhecido e sair da mesmice para apreciar um colega de maneira inesquecível.

Seja espontâneo

Quem não ama surpresas? Ser espontâneo é uma ótima maneira de elevar o moral dos funcionários porque o simples ato de ser espontâneo é suficiente para deixar as pessoas felizes, deixando o resultado para a empresa ser um benefício secundário. O objetivo em ser espontâneo é gerar felicidade. Felicidade instantânea é algo que a maioria das pessoas não tem na vida.

Um almoço surpresa, uma noite de cinema com sua equipe, um café da manhã surpresa antes de uma reunião ou um piquenique no meio do dia podem ser atos de espontaneidade. Talvez deixar seu pessoal sair uma hora mais cedo na sexta-feira, o fato de você querer fazer algo fora do comum por eles vai ficar marcado positivamente.

Incentive a folga remunerada

Vamos ser sinceros. Mesmo quando você ama o que faz, ainda quer férias e precisa tirar um dia aqui ou ali por algum motivo. Como gerente ou líder, nunca faça os funcionários se sentirem culpados pelo tempo que eles têm de férias. Dê a eles o tempo necessário para se recarregar mentalmente, para que, quando retornarem, estejam repletos de novas ideias.

Pegue a Kabbage como exemplo. Quando se trata de benefícios, a Kabagge está sempre trabalhando para criar um ambiente confortável e colaborativo para seus colaboradores (e seus cães!), tudo de acordo com o alto quociente de riscos. Com tempo ilimitado de férias e um programa sabático de seis semanas, além de aulas de meditação dentro da empresa e diversos outros cursos, os benefícios para quem trabalha na Kabbage são diversos.[36]

Os funcionários assalariados da Glassdoor participam de uma "política de férias" que permite aos funcionários tirarem férias quando precisarem, sem que se preocupem com os dias a mais. Os funcionários recebem até três semanas pagas, além de duas férias indeterminadas e um dia a cada trimestre para serem voluntários em uma ONG da escolha deles.[37]

---

36   "Kabbage Benefits" ["Benefícios da Kabbage"], Glassdoor.com. Disponível em: https://www.glassdoor.com/Benefits/Kabbage-US-Benefits-EI_IE606681.0,7_IL.8,10_IN1.htm. Acesso em: fev. 2019.
37   Glassdoor, "Glassdoor Vacation and Paid Time Off" ["Férias e folgas remuneradas da

Considere uma política de período ilimitado e flexível, que prevê remuneração. Dias de folga flexíveis para encontrar equilíbrio entre a vida profissional e a vida pessoal. Obviamente, é essencial ter diretrizes estabelecidas, para que os funcionários não abusem da política, mas, na maioria dos casos, a tendência é ver os funcionários tirando menos dias de folga do que quando têm um período de férias estabelecido.

Ofereça treinamento contínuo

Criar um ambiente de aprendizagem contínua dentro da sua empresa ajuda a manter os funcionários inspirados. É importante considerar um programa de carreira para sua equipe e trabalhar para que os funcionários recebam os cursos e recursos necessários para avançarem rumo aos seus objetivos. Criar uma cultura que promova o desenvolvimento não é apenas ajudar no desenvolvimento das habilidades necessárias para se realizar um trabalho.

Brad Shuck, professor-assistente da Universidade de Louisville, no Kentucky, é especialista em desenvolvimento organizacional. Ele acredita que empresas que investem no futuro dos funcionários conseguem mais engajamento. Segundo suas palavras: "Quanto mais o funcionário achar que a empresa está investindo no futuro dele, maior será o nível do seu engajamento".[38]

Uma das práticas essenciais da Timberlane Inc. é o treinamento entre funcionários. Ao ensinarem como exercer o papel de

---
Glassdoor". Disponível em: https://www.glassdoor.ca/Benefits/Glassdoor-Vacation-and--Paid-Time-Off-US-BNFT29_E100431_N1.htm. Acesso em: fev. 2019.
38   Lytle, *op. cit.*

outros, o funcionário começa a compreender como cada departamento funciona. Por exemplo, periodicamente, uma equipe vai para o chão de fábrica para lixar ou montar persianas.

Existem muitas maneiras de baixo custo ou a custo zero de incentivar os funcionários a contribuírem ou se envolverem. Na Timberlane, por exemplo, os funcionários podem jogar Cornhole – um jogo de arremesso de sacos de feijão – durante as festas da empresa, e eles têm um sorteio anual do Dia de Ação de Graças. É importante saber o que você está fazendo e para quem está fazendo essas ações de incentivo.[39]

Destine parte do orçamento para a educação dos funcionários. Seja em cursos de treinamento *on-line* ou seminários, o importante é investir na educação da equipe. Essas oportunidades também ajudam na construção da sua *network*, permitindo-lhe estabelecer relacionamentos que ajudarão seus funcionários e negócios.

Cuide do âmbito pessoal e profissional

Faça o que quiser na vida. Seja quem quiser. Vá para onde quiser. Tenha o que deseja ter agora. O mais importante é dar início ao "Fazer. Ser. Ir. Ter" agora mesmo.

Não fique pensando em quem gostaria de ser, no sucesso e no que deseja realizar. Comece agora!

Assim que terminar a leitura deste livro, você poderá prosseguir com tranquilidade, com o amor que tenho por você como leitor. Você tem as ferramentas; tem o conhecimento. Emane en-

---

[39] Ibid.

tusiasmo, alegria e felicidade. Permita-se enxergar as possibilidades e reconheça, sem sombra de dúvida, que é possível realizar tudo aquilo que você imagina.

Deixe seus dias se encherem de pequenos momentos que, juntos, vão ajudar na busca dos grandes sonhos. Cada minuto de cada dia é uma bênção de uma maneira ou de outra, mesmo que chegue disfarçada em um primeiro momento. As coisas positivas funcionam em conjunto para o bem de todos. Sinta o bem ao seu redor e se alinhe ao que for positivo e benéfico. Encontre pessoas boas para você e ande com aqueles que elevam seu moral e o impulsionam ao sucesso.

Conclusão

Larguei os estudos na adolescência e não sou mais inteligente do que você. Fui morar em um país sem saber falar o idioma nem entender a cultura local; também não tinha dinheiro. Se eu pude mudar minha vida aproveitando as oportunidades, você também pode mudar a sua.

De um desabrigado que dormia nas praias da Tailândia usando a mochila como travesseiro a um incorporador dos *resorts* de férias mais luxuosos do mundo – de sem-teto a bilionário. Seguindo meus passos, você também pode transformar sua vida naquilo que deseja.

Tudo começa na mente. Minha mensagem para todos os que leram este livro é a seguinte: vivemos em um planeta mágico e inacreditável. Nascemos para ver, explorar, vivenciar e apreciar este planeta. Esqueça a corriqueira corrida de ratos, as mesmas rotinas e os mesmos hábitos cotidianos e mude seus pensamentos. Saia e aproveite a vida! Veja e conquiste o mundo; ele é seu. Devemos ver as maravilhas deste paraíso que é a Terra. Mas, infelizmente, nossa mente pode transformar este paraíso em inferno se formos controlados por pensamentos negativos. Lembre-se de que você não é seu pensamento. Você é um ser espiritual com o poder de usar suas ideias para criar experiências fantásticas neste mundo.

Em nosso leito de morte, não nos lembraremos do dinheiro que ganhamos nem das coisas que compramos, tampouco da riqueza que criamos. Mas não nos esqueceremos dos nossos entes queridos nem das experiências que tivemos neste planeta incrível – daquilo que vimos, criamos e vivenciamos. Muitos acham que, depois de passarmos por esta vida, chegaremos à terra prometida, cheia de felicidade, ou então vamos para outro lugar para sermos condenados. Acredito que quem pensa assim está equivocado. Já estamos morando nesses lugares neste exato momento. Podemos decidir como queremos viver – em um estado de felicidade ou de total insatisfação.

Com o poder da mente, escolha a felicidade. Mude seu pensamento e suas ações, e ficará surpreso com a beleza da vida. Estar vivo é o presente mais maravilhoso para a humanidade. A vida é breve. Portanto, não duvide, não pense duas vezes, não pense que você não pode fazer. As limitações estão na sua mente; controle-a, e terá muito mais do que já imaginou – enquanto ainda estiver vivo.

Aproveite a vida ao máximo, e qualquer coisa neste mundo será motivo de felicidade. Basta estender a mão, agarrar e nunca desistir. Tudo começou para mim com uma simples xícara de café, e este livro é sua xícara de café. Agarre-o e continue. Mal posso esperar para ouvir sua história de sucesso depois de usar os 18 Princípios para Atrair Riqueza.